大门口的陌生人

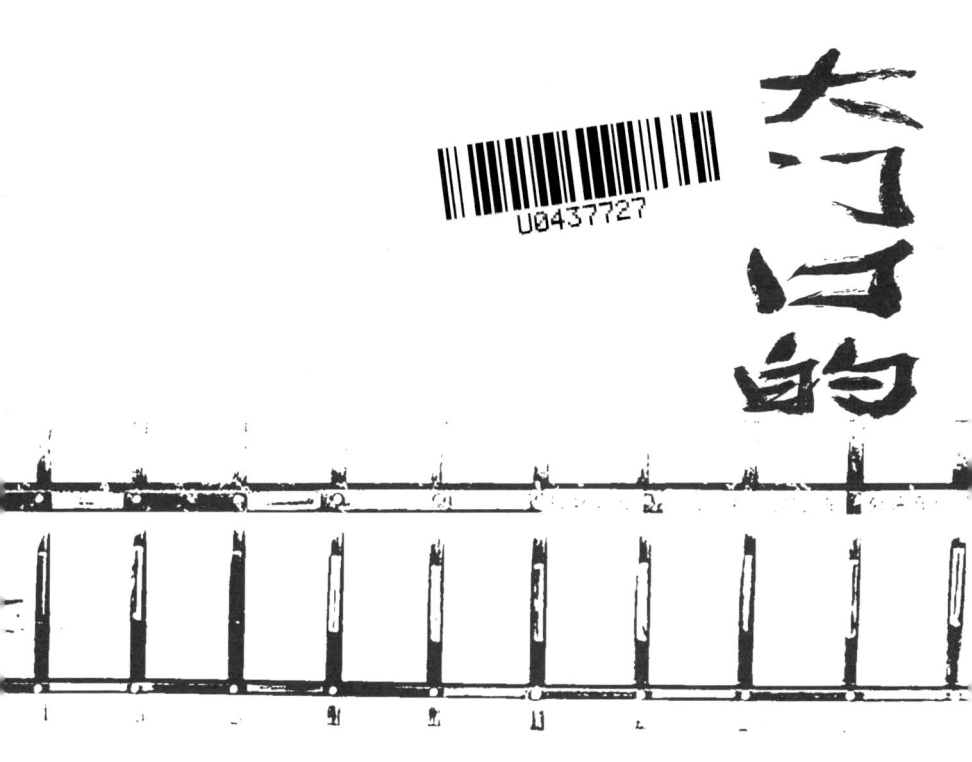

何禄疲 著

南海出版公司

新经典文化股份有限公司
www.readinglife.com
出 品

献给我的父母

在攻读博士的八年中,他们从未催促我毕业。

目 录

前言 /1

第一章　我们不是英雄 /17

第二章　最大的优点是不难,最大的缺点也是不难! /42

第三章　秘密就藏在协议里 /66

第四章　他们都是老板 /88

第五章　临界空间 /115

第六章　这样每个人都会高兴 /138

第七章　我和你不一样 /161

第八章　我的群租房被"敲"了 /190

第九章　天下没有不散的筵席 /222

致谢 /249

参考文献 /250

前言

我父亲自从十年前退休之后,就和小区里的几名保安交上了朋友。他经常饭后去小区门口,和值班的保安坐在岗亭外的椅子上抽烟闲聊。那些保安都是六十岁左右的本地男性,但在我父亲的口中依然是"小王""小张"。他们无疑是很好的听众,父亲畅谈国际大事时,他们只会附和,从不争论。父亲经常给他们发香烟,送吃的,而他们为了回馈这份友谊,对我家那栋房子的四周格外照顾,若有外来车辆侵占家门口的车位,就尽职地拿着高音喇叭绕小区喊车牌号,试图把司机"轰炸"出来。

直到前几年,我父母从老城区搬到郊外的一个新小区,父亲便再也找不到可以聊天的保安了,甚至把饭后的烟都戒了。新小区站门岗的保安都是三十多岁的外地年轻人,他们毕恭毕敬地站在门口,只说普通话,对每个进入小区的人说"您好",

而我父亲知道,他们不是能坐在一起抽烟的伙伴。

小区保安已经是都市生活中不可或缺的一部分。尽管我们可能不知道他们的名字,从未和他们打过招呼,但每个人每天都会看见他们,也都接受过他们的服务。

在其他国家,大部分住宅空间不是封闭的,也没有保安。但在中国都市,1980年代以来的几乎所有新建商品房都采用了封闭形式,无论高档还是便宜,基本都配有保安。

大门和保安共同筑起了小区的边界。围墙、大门和各式各样的高科技门禁系统,使保安更容易履行看守的职责,反过来,保安的看守也能确保这些设施正常工作,譬如损坏的地方能及时得到修理,门禁不会遭人破坏,也不会有人翻越围墙。保安和围墙是互相限制和协助的关系。可以说,围墙和保安已经不再是一种选择,而是成为中国都市居住文化的一部分,并且是当代中国独有的现象。

2015年左右,我在美国威斯康星大学麦迪逊分校读文化人类学博士,正在考虑博士论文题目。我对中国的小区保安产生兴趣始于这个好奇:为什么中国的住宅空间里会有那么多保安?

保安,顾名思义,是为了保卫安全而存在的,那么自然有人会想:中国城市的犯罪率一定高到只有保安全天候守护才能让居民觉得安全吧?但数据否定了这样的猜测。与其他发展中国家和一些发达国家相比,中国城市的暴力犯罪率其实很低。根据官方报告,2016年中国的凶杀率为每十万人0.62起,世界最低之一。相较之下，2015年美国的凶杀率是4.88。这份报告还提到中国的重大暴力犯罪从2012年到2016年减少了43%，但同一时期，在住宅小区任职的保安数量却迅速增加。举个例子，2014年全国有超过4200家私人保安公司和450万名保安，而到了2019年，全国已有9500多家保安服务公司和515万名保安。上海是中国治安最好的大都会之一，也是住宅小区里保安出现率最高的城市之一。

或许有人会认为，这两组数据的平行比较揭示了一个因果关系——正因为小区里有那么多保安，中国城市的犯罪率才低；正因为美国没有小区保安，犯罪率才那么高。

要探究保安和犯罪率之间的关系，我们需要分两个阶段来看。

第一个阶段是1990年至2010年，在这个阶段，保安行业的出现和发展都与治安形势息息相关。

从1980年代开始，由于计划经济时代的社会管理网络转型、贫富差距变大、城市化进程开始、人口流动增加、拜金风气流行、警力不足等种种原因，中国城市的犯罪率呈阶段性上升趋势。普通市民恐惧犯罪，自发地在家里安装防盗窗，并渴求任何能带来安全感的事物。我还记得在1990年代，我家住在苏南某个发达工业镇的一栋自建别墅内，由于周边屡屡发生入室盗窃案，父母在床头常备一根电警棍，并不知从何处找来一身绿色的警服，常年挂在二楼阳台的显眼处，期望以此吓退罪犯。正是在这种背景下，保安行业应运而生。

保安行业一开始被视作"一种介于政府部门和居民自愿看守之间,为社会提供专业、付费的安全服务的特别行业",所有保安公司都是由公安机关开办的国有企业。1994年,全国颁布地方性物业管理法规,物业管理逐渐正规化,小区保安也被纳入服务范围,从此成为物业服务的重要组成部分。从1990年到2010年,保安行业逐渐发展成熟。

第二个阶段是自2010年左右至今,中国城市的犯罪率在达到高点后又逐年下降,而小区保安的数量则继续上升。

为什么这个阶段的犯罪率会降低?一个很重要的原因是政府在城市空间构建了一个全景式监控系统,其中最重要的一项是"天网工程"——世界最大规模的视频监控网络。天网工程于2010年前后在各个城市发展起来,随着技术的提高,如今它可以实时监控和识别机动车、非机动车与行人,还能识别车辆型号以及行人的服装、性别甚至年龄。

除了这些用于交通和治安的摄像头,工厂和商店也会安装摄像头来监控内外空间,物业管理公司用摄像头来监控小区内的公共区域,而普通民众也常常为了安全在自家门口和院子里安装摄像头。信息服务公司IHS Markit的数据显示,中国是世界最大的视频监控市场,2017年共有1.76亿个监控摄像头在工作,而美国则有约5000万个。在上海等一线城市,公共空间几乎都已被监控摄像头覆盖。

天网工程极大地提高了案件侦破率,例如广为人知的罪犯吴谢宇和劳荣枝，都是因为在公共场所被监控抓拍并与人脸数据库中的目标匹配上才最终落网的。天网工程还可能对一些犯罪分子形成威慑。连环杀手高承勇在1998年到2000年间杀害了至少11名女性，依据法院审判，他于2019年1月3日被执行死刑。在最后一次采访中，记者问他："你认为如何避免受到你这样的人的伤害？"他回答："希望政府多装些天眼吧，这个最管用。"

全景式监控中的另一环是封闭小区，尽管后者表面上似乎与前者背道而驰。有学者指出，围墙能够制造一个易于管理、清晰有序的环境，有利于快速控制犯罪。必要时，小区内的监控可以被公安机关调取。在户籍制的基础上，街道和居委会继续发挥监管人口流动的作用，譬如上海许多居委会设有"房屋协管员"一职，帮助公安局进行实有人口登记，掌握每个单元内实际居住者的身份。而小区保安的眼睛作为监控摄像头的补充，也协助着居住空间的监控。

此外，2010年以后，刑侦领域广泛应用更灵敏的DNA测序技术，破案率大大提高；门禁、梯禁、车牌号识别系统等安全科技在居民小区内广泛使用，增加了安全性；再加上手机、电脑等电子产品的二手价格一路走低，以及现金的持有和使用几乎消失，街头行窃、抢劫杀人、入室盗窃等形式的犯罪大幅减少。

从以上讨论中我们可以看出，犯罪率在21世纪中国的持续降低和许多外显因素相关。小区保安作为全景式监控的一个构件，无疑对犯罪率的降低起到了积极作用，但并没有起到决定性作用。

2010年1月1日起施行的《保安服务管理条例》，在详述各种规章制度的同时，默认市场向民营资本开放。自那以后，虽然大环境总体上变得越来越安全，但保安行业进入了一个热火朝天的阶段——大量的民营保安公司诞生，和物业公司签订劳务派遣合同，为了压缩成本，用外地"农民工"取代物业雇佣的本地保安。

此后十年间，保安行业的发展趋势更多地由商业逻辑支撑而不是由犯罪率的曲线支撑：它的发展依附于如火如荼的房地产行业和民营资本对保安行业的投资。根据中国保安协会发布的数据，截至2021年7月，国内有保安服务公司1.3万余家，保安员640万余人，保安服务企业和从业人数都创历史新高。2022年，国内保安服务行业人员数量达到645万。

2016年，我确定要把中国的小区保安作为博士论文研究题目，并开始做文献综述等准备工作。尽管在政府大楼、医院、商业场所，以及大大小小的活动场合都有保安的身影，但我主要关注城市住宅空间里的保安，即小区保安，因为这是中国历史脉络的独特产物。

我之所以选择上海，是因为这里的房地产和民营保安行业都高度发展，而且我大学毕业后在这座城市工作和生活了五年多，对它的地理、社会和文化环境比较熟悉。

我将通过做实地研究来探讨如下问题：

以保卫安全的名义被业主和物业公司邀请进入封闭小区的保安，对居住空间的治安究竟起到了多少作用？这些保安每天的职责是什么？他们能有效阻止犯罪活动吗？

在当下的治安环境中，业主们真的如此恐惧犯罪吗？保安的存在能减轻他们的恐惧吗？

在保安产业的兴盛与繁荣背后，政府扮演了什么角色？

当小区业主和物业管理公司、街道办以及居委会就小区事务产生分歧时，用物业费雇佣的保安会站在哪一边？

为什么小区保安会成为中国都市居住的必需品？为什么当环境整体变得安全时它的规模依然在增长？

我选择大地小区的保安团队作为研究对象。为了尊重受访对象的意愿，书中提及的小区名、楼栋号、公司名，以及物业工作人员、居民、保安、二房东，全都采用化名。

选择大地作为田野调查的地点，有以下几个原因：

一、大地是当时上海最大的住宅小区之一，有一百多栋高层住宅楼，共一万多套公寓。围墙里的居住人口一度高达6万以上，被百余名保安守护着。这是一个足够大的样本，也让我有更高的概率遇见和保安职责相关的突发事件。

二、大地的前身是上海最大的棚户区，在2000年以前有超过一万户低收入群体居住于此，大地的一期于2001年完工，到了2006年，最后一期也就是第四期完工。今昔对比能够凸显这座城市的空间政策。

三、大地是一个典型的中产阶层小区，这里的业主大多是白领和来自其他省份的富人。在大地，每套房子的价格大约是上海市区房价的中间价，从 500 万到 2000 万元不等。

最后，大地曾被认为是上海市区群租率最高的小区，曾以杂乱无章而闻名，因此小区保安的角色显得尤为重要。

一条繁忙的双车道将小区划分为东西两区，我选择居民眼中治安相对糟糕的东区进行参与式观察。东区包含一期和二期，共有四个大门，门内有五十八栋住宅楼、多家超市、餐馆、发廊、房产中介，还有幼儿园、健身房、草坪、喷泉、游乐场等等。由于居民既多又杂，大地的大门一般都不关闭，值班的保安通常也不会拦下那些进进出出的人，除非看起来明显不是这个小区的居民或访客，譬如乞丐、捡垃圾的人、小商贩等。

大地小区里的犯罪情况几乎是全国犯罪数据的缩影。在我做田野调查的一年中，没有发生重大暴力犯罪，但发生了一些财产犯罪和意外事故，包括两起小的失火事件、两起自杀、十多起电瓶车和汽车内贵重物品失窃事件。

大地东区的保安团队原本是由泽信物业公司雇用，但在 2014 年时泽信与民营的文武保安公司签订了劳务派遣合同，于是 64 名上海本地保安被 41 名外地保安取代，原本的"正式工作"也被"非正式工作"取代。这些新的保安一年工作 365 天，一天工作 12～13 小时，如果请假，将被扣除当天的工资，公司也没有为他们缴纳社会保险。

"非正式工作"是指那些支付报酬却没有签订劳动合同,因此不受《劳动法》及相关法规保护的工作,譬如雇主没有缴纳法律要求的社保、让员工过度超时工作,并且随时可以终止合同。这些在上海没有户口和正式工作的"农民工"无法享有各种社会福利,譬如含养老保险、医疗保险、失业保险、工伤保险在内的社保,而且因为没有居住证,无法申请廉租房,也不能让孩子在当地接受公立学校的义务教育。

虽然流动人口构成了城市中充裕的劳动力蓄水池,并支撑起庞大的保安行业,但是近十年来,人口老龄化使招工情况发生了改变。由于保安工作的工时长、工资低、社会地位低,以及几乎没有上升空间,因此民营保安公司很难招到足够多的年轻人。大地的大多数保安都超过了四十五岁,有些人身材羸弱,甚至有肢体残疾。他们没有受过任何培训,也被禁止携带任何武器。为了尽可能招到更多的人,文武保安公司没有依照规定对员工进行背景审查。例如,当三十岁的保安小兵遗失钱包,到当地派出所去补办新身份证时,警察才发现他先前因为盗窃电瓶车在上海被逮捕过九次。

选定田野调查地点后,我通过一名记者的介绍,成了泽信物业公司的实习生。在这几个月的项目里,我的主要任务是帮泽信的职员"打杂"。这是一份没有薪水的实习,因此指导我工作的叶经理给了我很多工作和时间上的自由。我也得到她的允许，参与并观察保安的活动，包括每天的例行工作、集会、"敲"群租、火灾演习，以及紧急事件等等。

刚开始，保安们都以为我是物业公司的人，对我很尊重也很防备。即便我向他们解释我是在做研究课题的学生，多数保安仍然无法理解我在干些什么，有些人觉得研究者大概和记者差不多，还有些人被我的课题逗乐了——"竟然有人想研究我们？"

田野调查期间，我遇见的每个人，包括保安自己，几乎都在强化这个工作的刻板印象。保安班长杭静辞职后给我发微信："我不懂你为什么给你的论文选了这么个题目，跟这些人混在一起，你纯粹是在浪费时间。"物业办公室的一个女职员强烈推荐我去研究某栋高端写字楼的保安，因为"那里的保安比较有素质"。我们对"素质"一词如此习以为常，以至于会忘记它到底代表什么含义。在学术界的定义中，它被视为可以定义一个人品质的、体现在几乎所有日常行为中的微小的社会特质。①

我最开始向大地的保安介绍自己时，二十四岁的小亮立刻问道："你为什么对我们感兴趣？我们啥都不是，全社会都看不起保安，我说得对不？"其他保安笑而不语。后来我才知道，

---

① Ann Anagnost, "The Corporeal Politics of Quality (suzhi)," *Public Culture* 16, no.2(2004):189-208. Andrew B. Kipnis, "Neoliberalism Reified: Suzhi Discourse and Tropes of Neoliberalism in the People's Republic of China," *Journal of the Royal Anthropological Institute* 13(2007):383-400.

小亮在大地保安队中罕见地拥有高中学历，并且来自一个中产家庭。因为担心自己当保安会让父母在亲朋好友中间抬不起头，他多年来一直谎称在上海做房产中介。

他们毫不避讳保安这份工作的卑微，部分原因可能是他们大部分人留在上海当保安只是权宜之计，因而并没有把这个职业和自我身份绑定，有的人在心底认为自己本质上还是农民，只不过暂时扮演保安的角色。

相处大约一个月后，他们才更加信任我。2017年秋天，前队长被泽信物业赶走，新来的队长阿德性格开朗友善，和我成了朋友。我有机会和保安们一同吃饭，阅读文武保安公司的档案，其中包括班长们每天填写的报告，以及保安与文武签署的"劳动合同书"。

2017年9月我搬进大地，在一个群租房里租了一个房间。于是，我以大地居民、群租房客和同事这三重身份，参与观察了保安的日常实践。

我与十名业主进行了半结构式访谈，有时我也会和他们在比较日常轻松的场合对话，例如傍晚在小区里闲聊。我还访谈了三个做群租生意的二房东，他们当时在大地做这门生意已经近十年。由于大地保安的跳槽率很高，我至少遇到了六十名保安。有些人任职的时间很短，我没有机会跟他们交谈。在田野调查的后半段，我与二十多名保安进行了半结构式访谈，通过每天的接触，他们大多已经对我很熟悉了。我也访谈了泽信物业公司的保安领班和文武保安公司的区域经理李明。从这些访谈里，我挑选了十名保安进行生平访谈。你将在不同的章节中读到他们的故事。

除了参与式观察和访谈，我也进行了中国保安业历史的档案研究，包括研究相关法律、政策和规范。我搜集了数十年来保安相关事件的媒体报道，以此调查大众媒体是如何呈现保安形象的。我还搜集了和保安相关的公开信息，譬如招聘广告、泽信的公告，以及泽信在微信公众号上发布的消息。在得到同意后，我搜集了这些保安在社交媒体上的信息，特别是他们在微信朋友圈发布的内容，以及微信群里的对话。我用内容分析法来了解不同的人是如何体会安全并表达恐惧的。

为什么保安会成为中国都市生活的必需品？我认为这个现象的症结是"恐惧"，而这种恐惧根植于剧烈变化的都市和社会图景中。小区保安行业最初是在90年代为缓解政府的行政压力以及中产阶层的恐惧而生，行业普及后，城市业主出于经济上的不安全感进一步渴求更大的保安团队和更严格看守的大门，他们常常在"名义上"把这种渴求归结为对犯罪的恐惧。因而，延续人类学家的提法，我把小区保安行业视为"恐惧经济"或者"风险经济"的一部分。

在中国的社会框架下，嵌在空间秩序中的"恐惧金字塔"塑造了保安这个职业。这个金字塔包含关注秩序和稳定的政府、热衷于谈论和表达恐惧的中产阶层，以及被剥夺了生存空间和恐惧权利的"被恐惧阶层"。为了审视这个恐惧金字塔，本研究的理论框架建立在以下理论的基础上：恐惧与危险人类学、中国当代社会分层理论，以及关于权力和空间的社会理论。非正式就业的保安属于"被恐惧阶层"，这个名词会在本书中多处出现，它主要指城市中的流动人口和非正式经济中的就业者这两个人群的交集。"流动人口"是指那些离开了户籍所在地却没有在新的地点落户的人。非正式经济中的就业者不同于曾经与国家关系紧密、在计划经济时代享有象征性崇高地位的工人阶级[1]，他们通常在制造业、建筑工地，以及服务业中的民营企业工作，由两个群体组成：一、在一系列私有化改革中下岗的工人；二、因作物价格不断下滑、工业化和农村发展而离开土地的农民，以及受教育水平较低的农民后代。计划经济时代的工人已经住在大城市里，有户口和房产，而大多数农民却不得不到经济更发达的地区谋生，没有户口、资金、学历和关系，很多人从事着非正式的工作。

不同于有正式而稳定的工作并申请了居住证的流动人口，被恐惧阶层是指那些在城市空间里没有户口、房产、稳定工作和社会福利的外来打工者，是都市廉价劳动力的移动蓄水池。除了少数能挤进中产阶层的幸运儿，大多数人一直处于城市空

---

[1] Guy Standing, *The Precariat: The New Dangerous Class* (London: Bloomsbury Publishing, 2011).

间的边缘。在某些语境下，他们也被视为"不稳定的无产者"或者"新危险阶级"。①快速发展的都市经济需要他们，但也常常视他们为影响治安和稳定的因素。

随着越来越多的物业管理公司选择和保安公司签订派遣协议，这个行业里出现了越来越多属于被恐惧阶层的保安。我在研究期间遇到的保安大多是来自欠发达省份的农村或小县城的男性，由于门槛低、职位空缺多，保安是他们到大城市后能找到的最常见的非正式工作。

目前有很多的民族志，如关于街头小商贩②、建筑工人③、工厂工人④、家政工⑤等等，本书则是关于中国小区保安的民族志。

第一章介绍小区保安每日的例行工作，下班后的娱乐、生活，以及"日常抵抗"⑥；还讲述了三名保安的人生故事。本章将

---

① Sarah Swider, *Building China: Informal Work and the New Precariat* (Ithaca, NY: ILR Press, 2015). Standing, *The Precariat*.
② Sarah Swider, "Reshaping China's Urban Citizenship: Street Vendors, Chengguan, and Struggles over the Right to the City," *Critical Sociology* 41, no. 4-5 (2014): 701-16.
③ Swider, *Building China*.
④ Ngai Pun, *Made in China: Women Factory Workers in a Global Workplace* (Durham: Duke University Press, 2005). Ching Kwan Lee, *Against the Law: Labor Protests in China's Rustbelt and Sunbelt* (Berkeley: University of California Press, 2007). Jaesok Kim, *Chinese Labor in a Korean Factory: Class, Ethnicity, and Productivity on the Shop Floor in Globalizing China* (Stanford: Stanford University Press, 2013).
⑤ Yunxiang Yan, "McDonald's in Beijing: The Localization of Americana," in *Golden Arches East: McDonald's in East Asia*, ed. James L. Watson (Stanford, CA: Stanford University Press, 1997), 39-49.
⑥ Everyday Resistance 这个概念来自 James C. Scott, *Weapons of the Weak: Everyday Forms of Peasant Resistance* (New Haven: Yale University Press, 1987).

为读者在深入阅读前提供一个感性认知：从事小区保安工作的可能是什么人，他们每天在做什么。

第二章介绍改革开放后保安行业的出现、大地小区整体的治安情况和不同类型犯罪的频率。本章还将小区保安和新中国成立前的家丁和镖师、计划经济时代的门卫进行了比较，指出当下的小区保安实质上已变成一份"琐碎的工作"。

第三章从一位保安在值班时意外病逝说起，对比物业直接招聘的本地保安和保安公司派遣的外地保安之间的待遇和工作内容的区别。物业公司为了降低风险和成本，把保安服务外包给了保安公司，而保安公司同样为了风险最小化和利润最大化，用一系列入职协议把保安工作变成一份非正式工作。

第四章讲述大地业主和物业公司之间的长期矛盾，并从中展示这个大型封闭小区内的权力结构。地位处于最底层的保安夹在两者之间，在执行物业公司的命令时往往成为业主的出气筒。

第五章以保安小兵的经历为例，描述了部分业主对保安的不信任和恐惧态度，并分析业主恐惧背后的社会和心理动因，以及业主的不安全感是如何影响民营保安行业和小区保安日常生活的。

第六章从保安队长阿德的经历讲起，揭示保安派遣流程中的秘密。

第七章从保安班长小亮的经历讲起，探讨了居民对年轻强壮的保安、更森严的大门和更大的服务团队的痴迷，以及这种痴迷背后的消费心理。恐惧作为一种特殊的道德价值，可以将本来令人反感的炫耀性消费变为被社会接受甚至欢迎的行为。

第八章从保安班长杭静的经历开始，描述当地政府的空间策略如何影响一名保安的人生轨迹。作为空间策略的一部分，大地小区开展了为期一年的整治群租行动，保安在其中发挥了不可或缺的作用，但他们有些人和我一样住在群租单元中，每天都担心会被上门突击。本章还将解释为什么宿舍被排除在群租类别之外，并分析业主对群租的恐惧和厌恶背后的动机。

第九章将回顾保安行业发展史以及整个研究的理论框架，还将介绍本书提及的部分保安的现状。

这部民族志旨在通过分析保安在封闭小区内的角色和行动，解剖恐惧、权力和空间相互交织的关系，并试图通过空间—恐惧关系的棱镜，更好地理解恐惧与空间秩序如何相互塑造。

本研究希望能为以下这些领域的理论发展做出贡献：情感人类学、民营安全行业的民族志方法、中国农民工的文化分析，以及各国封闭小区的跨领域研究。在学术界之外，本研究也希望能推动以下讨论：保安服务应该是各级政府提供的公共服务，还是由市场经济提供的私人商品？通过揭示保安这一职业的存在原因和意义，揭示无产者的"恐惧"，该研究旨在将关注的重心从中产阶层居民的美好生活转向空间秩序中体现的社会经济、政治甚至情感的不平等。

form
第一章
我们不是英雄

2016年秋天的一个早晨,一名身穿黑衣的年轻男子出现在大地小区附近。他从北京乘火车来到上海,正在寻找几个月前分手的女友。他知道她就租住在这个小区的某单元内。他在东区的一角徘徊了几个小时,一边观察着路人,一边神情焦躁地打着电话。在该区域巡逻的保安刘勇此时已经注意到了他,但由于这个六万多人的巨型小区内住着各式各样奇怪的人,刘勇并没有太在意。

中午时分,一名年轻女子和一名男子(或许是她的现任男友)走出某栋楼的大堂。就在那一刻,黑衣男子径直走向他们,并从口袋里掏出一把刀。女孩认出了那张杀气腾腾的面孔,立刻尖叫着朝旁边一家便利店跑去。当她向店员求助时,黑衣男子在外面杀害了和她同行的男子。

刘勇是第一个赶到现场的保安，其他几个保安也很快赶来。刘勇到达时，看到地上躺着一名浑身是血的男子，而凶手正试图撬开便利店的卷闸门。刘勇被这个场景吓到了，不知道该怎么办。他唯一记得的就是报警和叫救护车。这名疯狂的杀人凶手在意识到无法进入便利店后便逃跑了，在场的保安没有人试图阻止。警察在十分钟后赶到，并于当天下午在火车站抓到了逃跑的凶手。

自2014年文武接管大地小区的安保服务以来，这是唯一一起谋杀案。现场的保安后来在采访或闲聊中多次提起当时的场景。2018年的一次午餐时分，我听他们在保安办公室又聊起此事，便随口评论道："如果你们那天早点赶到，或许就可以救下那个男的了。"

"开什么玩笑，我们怎么可能阻止一个杀疯了的人？他手上有刀，我们手上什么都没有，连根棍子都没有，"刘勇说道，"我连试都不会试。"

刘勇三十八岁，出生在四川省的农村，曾在云南省做猪饲料生意。但有一年赊欠饲料款的猪农纷纷破产，他收不回债务，生意也做不下去了，只能到大城市打工。再后来，他成了大地的一名保安。

"如果下次再遇到类似的情况，你们会怎么做？"我问办公室里的那些保安。

"当然是跑啦！"小亮说完，其他人笑了起来。二十四岁的小亮长得白白净净，和大多数大地保安的背景不同，他来自安徽一个县城的中产家庭，有高中学历。

"小亮，你真是个懦夫。我至少比你强，我会在逃跑前先报警。"来自山西省的李纳说道。

其他人再次哄笑起来。

"我们公司总是要求我们先保住自己的小命。他们可不希望为我们的伤亡付赔偿金。"小亮补充道。

"我们又不是啥英雄。老实说，我们都不是合格的保安，"四十三岁的李云试图向我解释大家的玩笑，"跟歹徒搏斗需要专业技能，但我们没有一个人接受过培训。"李云来自江西省，戴着黑框眼镜，是其他保安口中的"百万富翁"。

"是啊，我就是一个农民，他是卖猪饲料的，你是一个厨师。"李纳附和道。

他们似乎并不把保安视作自己真正的职业身份，依然认为过去从事的工作才代表了自己。

这些身穿深色保安制服、口音各异的男人，究竟是谁，来自哪里？

一

大地小区的保安大部分来自内陆省份的农村地区。根据国家统计局 2018 年的数字，2017 年在城市打工的农民工达到了

2.87亿人。过去二三十年，城市保安行业的蓬勃发展急需大量人力，而保安职位的门槛低，成了那些没有学历、资本、户口和关系的流动人口在城市中最容易找到的工作之一。

当初为什么离开家乡？

有人告诉我，在2018年之前的十年里，种庄稼已经成为亏本的买卖。由于进口粮食的价格较低，中国市场上的粮食价格也不断下降，与此同时，化肥、农药、种子和灌溉的价格却在不断上涨。经过一年的辛苦劳作，一户农民每亩地大约只能赚1000元。来自甘肃的建宏告诉我，他家有六亩农田，每年只能带来一万元左右的收入，还不够一家人维持生计。其他省份农民的情况也差不多。

除了每亩庄稼的利润极低，许多农民还在工业化和农村发展的进程中失去了农田。三十三岁的李纳是山西省的农民，童年的一起事故导致他左眼失明。在他二十多岁时，他们村的土地被规划用于建设工厂，所有村民在获得少量动迁补偿后都失去了农田，这也意味着失去了生计。李纳说，他认识的村民几乎都离开老家去城里找工作了，他和妻子也来了上海。

他妻子此前在大地附近的一家大酒楼当服务员，夫妻俩和一儿一女住在一个群租房里。儿子在2018年到了上小学的年龄，李纳一直发愁要怎么办。他考虑和家人一起回老家找工作，但老家县城经济萧条，连月收入2000元的工作都很难找到。几个月后，妻子带着两个孩子回老家上学，而他一个人留在上海当保安，又搬回了大地的宿舍。

就算是那些仍拥有大量农田的农民，挣到的钱往往也只能勉强维持生计。四十九岁的张树峰是辽宁省的农民，他从2017年11月底开始在大地工作。农民在这个时候去外地打工是很少见的，因为两个月后就是春节了。更让我惊讶的是，张树峰说他只打算在大地小区工作一两个月。

他告诉我，他家有九十亩农田，如果气候适宜农作物生长，一年可以挣大约3.6万元。他想在农闲时看看上海到底是什么样子，但又没有闲钱去旅行。他想到一个主意：到上海找一份零工，一边打工一边赚取旅行费用。他在上海一下火车就找到了自己期望的保安工作，但也抱怨保安工作的时间太长，导致他每天都被困在小区里，几乎没有时间去欣赏和探索这座大都市。

自2018年1月1日起，上海市政府开始实行居住证积分制度，将申请人的年龄、学历、职称等个人情况转化为积分，总体而言，更年轻、教育背景更高、具有专业技能和更长时间缴纳社保的外来人口可以拿到更高的积分。达到标准分120分的人可以享受相应的公共服务，譬如申请公共租赁住房、考驾照、子女入学、在上海参加中高考等等。

申请居住证必须先满足两个条件：一、提供租房协议，证明在本市有合法、稳定的居住地；二、提供在本市缴纳社保满六个月的证明，证明在本市有合法、稳定的就业。从事保安工作的"农民工"住在宿舍里，没有租房协议，保安公司通常也不为他们缴纳社保，因此他们无法申请居住证，与这些公共服务无缘。这意味着他们的孩子到了学龄就必须回老家上学，而他们自己以后也注定要回老家养老。

事实上，非正式就业中的流动人口过去一直是一线城市削减人口数量的目标。户籍制度和各种政策让这些流动人口与城市空间保持着一种疏离、边缘、临时的关系。而他们身上的匿名性和不稳定性，反过来让他们成为城市居民和管理者眼中的治安高危群体。

来到城市成为小区保安后，他们的生活是什么样的？

自从2014年泽信物业公司将大地东区的保安服务外包给了文武保安公司后，文武向这里派遣了四十一名保安，其中一人为队长，其余人分为日班和夜班，住在两间宿舍内。

日班保安每天在东区地下车库集合，时间是早晨六点三十分。由于四十名保安合用两个洗漱台和两个厕所，日班保安们便商量好在不同的时间起床，避免大排长龙。有些年纪大的保安喜欢天刚亮就起床，像过去在农村那样。他们在公用厨房里为自己煮粥或面条，这是最便宜实惠的早饭。有些年轻的保安前一晚刷手机到半夜，总是想方设法地多睡一会儿，特别是在寒冷的冬天。他们尽可能地赖床，往往来不及自己做早饭，只能在上班路上买两个馒头边走边啃。

保安的宿舍位于西区，由于大地的面积实在太大，从西区到东区地下车库的这段路步行大约需要十五分钟，因此大部分人会骑电瓶车上班。

日班班长通常会晚十分钟到，在六点四十分点名，接着训练大家立正稍息约二十分钟。结束后便与夜班保安交接，而夜班保安回到地下车库集训半小时后再解散。

每班二十个人理论上是这样安排的：四个大门，各有两名保安值守；东区被划分为六个区域，每个区域由一名保安负责；还有一名保安查违规停车，两名巡逻整个小区，两名机动保安等候额外的任务。班长待在保安办公室接听物业和业主们的电话。每个人都有例行任务，譬如管理停车位、每天将共享单车搬出小区、锁住违停车辆的轮胎、报告损坏的设施等等。

在任务的空当，队长、班长和两名机动保安便待在地下车库里的保安办公室。这个小办公室大约十平方米，没有窗户和空调，夏天又热又闷，冬天则又冷又湿。

中午饭点，日班保安三四人一组轮流回到保安办公室吃午饭。午饭通常是一名保安替大家买回来的盒饭，每份大约10～20元。大地内部和周边有许多小餐馆，保安会在固定几家饭馆买盒饭。

午饭时间也是我与他们聊天的最佳时机之一。那时办公室里总是烟雾缭绕，因为保安们在工作时被禁止抽烟，所以他们总是抓住每个能待在办公室里的机会抽上几口。每当我走进办公室，他们都会熄掉烟，以表达对一个不吸烟女性的尊重。但如果我待得久一点，他们便忍不住又抽起来。

保安办公室里那部响个没完的电话传达着居民们的需求，或是来自物业的、必须立马处理的命令。这些要求千奇百怪，多数是与安全无关的杂务：物业的员工让保安去搬重物或清理建筑垃圾；有居民报告水管裂了；有居民抱怨车库里有水坑，让保安去清理；有居民让保安去敲邻居家的门，让他们安静点；也有居民让保安去救被困的野猫……队长有时通过对讲机指挥负责那片区域的保安处理，有时也会带着班长和机动保安亲自干活。

夜班保安傍晚六点三十分在地下车库集合，训练约半小时后与日班保安交接班。日班保安在傍晚七点再次集合、训练，之后终于可以在七点三十分下班。日班保安的工作时间名义上是早晨七点到晚上七点，但事实上他们早上六点三十分就必须到岗，晚上七点三十分才能离开，工时长达十三个小时。夜班保安也一样。有时上级来视察，工时会进一步延长。

经过漫长而乏味的一天后，大多数保安筋疲力尽，走回宿舍给自己做晚饭。公用厨房可以同时容纳七八人做饭。他们用便携式电磁炉煮点面条，或者烧点简单的饭菜。有些年轻的保安懒得自己做，依然买盒饭吃。

保安下班之后的生活通常很单调乏味。他们工作时间异常长，所以基本没有精力和时间进行娱乐活动，更没有什么闲钱可以开销。智能手机是保安下班后最理想的伴侣。他们在手机上看新闻，与老家的亲友保持联系，看视频或连续剧，玩游戏，甚至还会赌博。一些单身的保安也试图在交友软件上认识异性。

每天睡前的两个小时很快就在喝酒聊天或刷手机中过去了。有些保安会在发薪日一起下馆子，或者去超市采购日用品。在冬季，他们每月一起去澡堂洗一两次澡。

二

对于那些单身保安来说，在城市里找到爱情是一种奢望。由于保安大部分时间都要待在小区里，而且在城市中也没有太多社交关系，所以微信和陌陌这类社交软件便成为他们结识异性的工具。我觉得有趣的是，2017年时他们不少人的微信昵称很长，还会用一些歌词透露自己的感情，例如"让我守护你一生一世，单身中""我想拥抱，但我没有借口""找个好人就嫁了吧""我的世界空间只有你陪伴我""我想牵你手看日落"。他们似乎想用昵称向所有微信好友传达择偶信号，期待遇到潜在的伴侣。

"炮王"是其他保安给二十六岁的张力保起的绰号，取笑他对网络"艳遇"的巨大热情，尽管他一再声称自己的初衷是找一个正式女友。张力保身材瘦长，除了一脸的青春痘，长相还算端正。他经常会夜不归宿。2018年春天，张力保决定请假五天（扣五天工资），去广东见一个聊了半年、已进入"恋爱"状态的女网友。当他奔赴上千公里见到女网友后，立刻就后悔了。他回上海后对同事说，那个女孩"又黑又胖"，与照片和视频中的形象完全不同,而往返的高铁票、酒店住宿、餐饮和送给女孩的礼物花去了他一年的积蓄。他私下的抱怨很快就流传出去,成了整个保安团队的笑柄。他在微信群里发誓,今后再也不会为了见网友跑那么远了。

年轻保安如果过了二十五岁还找不到对象,很可能会被老家的长辈催促回去相亲。但即便他们回老家恋爱结婚,也要面临新的困境:县域经济大多很萧条,他们很可能因为找不到理想的工作而不得不回到大城市打工。

独生子小亮也肩负着结婚生子的"任务"。在二十五岁那年,他经不住父母的催促,准备回老家相亲结婚。他收拾行李离开上海时,告诉同事们他再也不回来了。然而几个月后,找不到工作的他决定接受阿德的邀请,回上海当保安班长,而刚和他开始交往的女孩选择留在老家,两人只能分手。

自那以后,"找对象"便成了小亮心里的一块大石头。2019年他信誓旦旦地说,他最多再做两年就回老家结婚。然而到了2024年,他还在上海另一个高档小区当保安。我问他是否有了女友,他回答:"没,每天就上班下班两件事,哪有时间?最多再混个一年两年就回去了,再不结婚就完蛋了。"

保安们通过各种方式在上海寻觅伴侣的努力往往是徒劳的,背后的原因涉及整个中国一线城市婚恋市场的情况。保安们每天长达十三小时的工作导致他们几乎没什么自由支配的时间,这是原因之一;保安职业本身的低社会地位、被认为没前景等等是原因之二。虽然小亮后来的工资比许多大学毕业生都高,但他说:"就是3000块工资的大学毕业生去找对象,也比我们保安好找,人家文凭放在那里了。"再者,小亮还认为,包括他自己在内,小地方的人到了上海会变得更为现实,这也让他难以遇见爱情。

和小亮年龄相仿的男性外来打工者也面临类似的困境:在城市中找不到伴侣,在家乡找不到工作,当他们到了结婚的年龄,就必须做出艰难的选择——是离开还是留下。

大部分已婚的中年保安也面临着类似的问题:尚未生育时,夫妻俩还可以一起在上海打拼,但生了孩子或者孩子到了入学的年龄后,夫妻俩就不得不考虑常年分居的问题。非正式就业者的孩子无法在上海入学,因此常常是妻子放弃工作,带孩子回老家上学,并照顾双方父母。这些夫妻通常一年只能见一两次面。即使有些夫妻双双留在上海打工,选择把孩子留给老人,他们也会住在各自的宿舍,以节省一大笔房租开支。在当今的社会形势下,留守儿童和留守老人的问题又常常引发更多的社会问题。

我在大地时只听说过一个保安在上海找到伴侣并修成正果的例子。那名保安不是年轻人,而是一位丧偶的中年男人,认识妻子的途径也不是线上,而是线下。那名保安长相普通,为人老实,负责看守东区的侧门,那位女士是一名离异的中年家政女工,因为客户在大地,她每天都要来大地做工,经常和保安打招呼。一次偶然的机会，两人在交谈中发现双方来自同一个省份。之后的日子里，他们天天见面聊上几句，彼此越来越熟悉，最终决定结婚，在群租房里同住。丈夫当保安，妻子当保洁或者保姆，这也是我在田野调查中最常见到的职业搭配。

此外，我从访谈中了解到，一些单身保安以及一些长期见不到妻子的已婚保安，偶尔会去附近的澡堂或小旅馆购买性服务。

三

接下来我会讲述三位保安的故事，用个体的人生史揭开群体的面纱。

黄佳国，四十一岁，来自辽宁省的一个贫困村庄。他身高一米六出头，皮肤黝黑，这样的外形在保安中十分常见，但他外向、开朗，善于沟通的性格，在"农民工"保安中并不多见。他从二十多岁开始在建筑工地上工作，十年的泥瓦匠工作使他腰酸背痛，健康也受到了影响。三十六岁那年，他成了北京的一名保安。两年后，他在一艘往返于上海和港澳的邮轮上当了一年保安，他说虽然这份工作包吃包住，薪水为每月5000元，工作负荷也较轻，但他却迫不及待想回到陆地，因为他晕船，天气恶劣时会呕吐难受一整天。结束邮轮工作后，他回到上海，在几个小区工作过，最终来到了大地小区。

黄佳国是为数不多的在访谈中表现出热爱工作并充满荣誉

感的保安之一。"我想成为一名合格的上海保安,"他说,"这个职业成功的秘诀在于两条腿和两片嘴唇。"他认为,一名合格的保安每天应该走很多路,与不同的人多交流,他自称在这两方面都很擅长。他对业主也没有什么抱怨,并为获得业主的信任而感到自豪。

黄佳国是保安队长阿德推荐我访谈的第一个保安。那时他刚刚接受了上海某电视台的采访,在居民中有一定的名气。2017年夏天,某业主一家刚旅行回来,把背包忘在了一楼大厅外面,包里有两万多元现金、两台笔记本电脑和三本护照。黄佳国在巡逻时发现了背包,归还给了业主。为了表示感激,业主送给黄佳国300元人民币和一面锦旗,上面写着"拾金不昧道德楷模,风格高尚服务群众"。这面锦旗被挂在保安办公室的墙上,为黄佳国的雇主文武保安公司增光添彩,文武公司也奖励黄佳国200元。

在收到第一面锦旗后不久,黄佳国又收到了第二面。一个晚上,他在草坪上捡到了一个皮夹,里面装有几张信用卡、一张身份证和一张名片。他拨通名片上的电话号码,联系上了皮夹的主人——一位专售大地房产的女性中介。她非常感激,第二天也送了一面锦旗到保安办公室。为了鼓励其他保安向黄佳国学习,阿德又自掏腰包奖励他100元。

物业也将黄佳国的事迹视为自己提供优秀服务的证明,邀请当地电视台采访他,宣传这个故事——一名穷保安如何坚持道德操守，归还捡到的贵重财物。物业还在记者和居民面前公开宣布会奖励黄佳国 100 元。不过据黄佳国称，这 100 元从未兑现。

在大地工作的七个月里，黄佳国捡到了许多居民丢失的物品，其中有不少贵重物品，他一共收到了三面锦旗。同事们都羡慕他的好运气，而我不禁有些好奇：夜间每个区域都有保安巡逻，为什么每次都是他捡到？我和他一同在深夜巡逻了一次，才终于明白他的"好运"是从哪儿来的。

大多数保安喜欢白班工作，黄佳国则喜欢上夜班。他总结了这两个班的利弊。"白班工作很辛苦，夜班工作很疲惫，"他说，"上白班的话我们晚上可以睡得更好，但白天总是有很多电话和工作。而且泽信那些领导都在白天上班，我们一直很紧张。但到了晚上，这里非常安静，我觉得很安心、放松。"

初春的夜晚，大地小区里漆黑而寒冷。黄佳国的同事们都喜欢坐在岗亭里偷懒，而他几乎整晚都在外面巡逻，同事也无法理解。我有天晚上联系上他，跟他一起巡逻。我们沿着黑漆漆的小径，穿过树林和草坪，他一边回答我的问题一边打着手电筒，目光始终在地上搜寻着。突然间，他蹲下身子，捡起了一枚硬币。当时的环境非常昏暗，我不得不佩服他的视力。

"你看，这是我今天晚上捡到的东西，"他摇着一个装了几十枚硬币的塑料袋说。就算大地是大型小区，我还是惊讶他一晚上能收获那么多。黄佳国告诉我，他到大地的这大半年里捡过几十次百元钞票（2017年使用纸币的人还比较多），这些钱通常是半夜坐出租车回家的醉酒男女遗失的。

"你猜猜这七个月我总共捡到多少钱？"没等我回答，他便公布了答案——"3300块！够我每个月的烟酒钱了。"也许是担心他的喜形于色会给我留下负面印象，他又立刻补充说道："我是一名合格的保安，我不做任何违法的事情。我既不偷也不抢，只是捡别人掉的。"

他捡到有身份线索的财物会归还失主，如果捡到的是小额现金则会收入囊中。正是从捡东西中得到的小小收益激励着他不惧寒冷和黑暗，马不停蹄地彻夜巡逻，而这一切使他意外地成为大地最勤奋、最"幸运"的道德楷模。

尽管黄佳国已经三十六岁了，也很操心自己的个人问题，但他短期内没打算离开大地。他告诉我，他以前谈过几个女朋友，在与女性约会方面有过痛苦的经历。他认为男人在恋爱关系中为女友买礼物、请吃饭是应该的，然而，这些前女友似乎只享受他的付出，对嫁给他不感兴趣。当他在她们身上花了很多钱之后，她们只说一句"实在没有感觉"便和他分手了。即便这样，黄佳国仍然期望娶一个上海女人，这样他就可以在喜欢的城市建立家庭，永远留在这里了。

为了证明自己不是在做白日梦，他还谈到了他畅想的细节："我父母都去世了，也没有孩子，所以我可以搬进她家，照顾她的父母，让我们的孩子跟她姓。我当保安赚的钱都可以用来养家糊口。我不在乎她以前是否结过婚或者有孩子,我对她唯一的要求就是她在精神上和身体上都健康,只要她能给我暖床和做饭,那就足够了。"

我问道:"那你打算上哪儿去认识这样的上海女人呢?"

他回答说:"有网络嘛,比如微信和QQ,我白天不睡觉,所以如果有网友愿意和我见面,我有很多时间和人见面。"

四十二岁的李云在保安团队中是一个与众不同的人物。他身材瘦削,戴着黑框眼镜,看起来机敏聪明。他早在1990年代就来到上海,辛勤工作多年后成为一名成功的厨师和商人,直到一次事故改变了他的人生。

他在2018年1月向我讲述了他的故事。

李云来自江西省的一座小城。高中毕业后,他通过父亲的关系在一家生产瓷器的国有企业找到一份正式工作。1990年代初,国有企业开始改革,随之而来的是全国范围的下岗转业。李云刚工作一年,工厂就响应国家号召,建议员工自愿接受"买断工龄"——一种有偿终止劳动关系的方案。李云在工厂看不到前景,便接受了这个方案,获得一小笔赔偿金。失去了"铁饭碗"的李云和表弟一起去一家餐馆学习烹饪。

1998年,李云的表弟带着家人移民美国,目前在加利福尼亚州经营一家中餐馆。李云则和一位高中同学一起来到上海,在一家主打北京烤鸭的餐馆工作。两个月后,他已经掌握了烤鸭的所有技术，看到生意如此火爆，决定自己开一家店。到2002年底，他已经在上海的三个区拥有了三家主打北京烤鸭的餐馆，但2003年初爆发的非典疫情终止了这一切。那一年，由于担心公共卫生问题，市民不再外出就餐或购买熟食，酒店、餐馆和小吃店的生意都一落千丈。李云的烤鸭店和众多上海餐馆一样难以为继，他不得不做出一个艰难的决定：关店回老家。

此时已结婚的李云用开餐馆的积蓄在老家买了一套房和一条公交线路。1990年代，有些城市的交通部门开始允许私人拥有并经营公交线路。此后李云自己开公交车，经营一条公交线路长达八年。那些年，他的年收入约为10万元，足以让一家三口在这个三线城市过上体面的生活。他以为他的一生都将如此度过，但2012年政府突然宣布要收回所有私营公交线路，于是李云将线路以40多万元的价格卖给了政府。三十七岁的李云又开始寻找新的谋生方式。

此时，李云遇到了童年的好友徐先生。徐先生告诉李云，新疆旅游业正发展得如火如荼，为旅游大巴提供了巨大的商机，既然李云会开大巴车，为何不试试呢？于是在徐先生的邀请下，李云独自来到乌鲁木齐，与徐先生一同创办了一家旅游客运公司。他们买下一辆大客车，徐先生负责招揽旅行社的生意，李云则负责开大客车送游客往返于城市和景点之间。本来生意进行得很顺利，但八个月后，不幸发生了。

某天深夜，李云独自在郊外的公路上驾驶大客车，一辆大卡车从侧面高速撞了上来，李云身受重伤。卡车司机负全责。李云在乌鲁木齐医治了一段时间后，不得不返回老家由家人照顾着继续养伤。

李云养伤期间，徐先生决定将"旅游客运公司"改为"旅游贸易公司"，并从俄罗斯进口汽车零部件。有一次返回中国时，徐先生及其货物被中国海关拦截并被定性为走私。徐先生被逮捕，法院查封了公司的全部资产。尽管李云能够证明他当时身在几千公里之外，并没有参与走私活动，但他是该公司的法定代表人，所以法院也冻结了公司账上属于他的那部分资金：260万元。

徐先生被判五年有期徒刑，两年半后假释出狱，但李云被冻结的资金此时仍然没有归还。老家的房子还有12万元的抵押贷款没有还清，为了谋生，2015年，李云和妻子把读小学的儿子留给了爷爷奶奶，又来到上海找工作。他告诉我，已经不再责怪他的朋友了，因为徐先生在这起事件中损失的钱和他差不多。"不管怎么样，生活都得继续，我们唯一能做的就是踏踏实实做好自己能做的事。"

2015年刚下火车，李云和十七年前第一次到上海时那样，一无所有。只是这次，他有妻子陪在身边。四十岁的他和妻子加入流动人口的大军，想在这座大都市找到一份谋生的工作。两天后，他就被文武公司招去大地当保安，妻子则找到一户人家当住家保姆。他们觉得自己很幸运，因为这两份工作都提供住宿，他们不用花 1500 元去租一个只有卫生间大小的群租房。但两份工作的地点相距很远，他们一周只能见一次面。

上海市场对保姆和家政工的巨大需求让这类工作的薪水水涨船高。李云的妻子有幼儿园早教的经验，所以在就业市场很吃香。在换了几份工作后，她替一个富人家庭照顾孩子，待遇也提高了，包吃包住外加一万元工资。到 2016 年底，他们已经还清了房贷。

李云夫妇计划到 2017 年底存下 10 万元，2018 年去兰州投奔妻子的弟弟，开一家烤鸭店。可到了 2017 年底，妻子的弟弟突然被诊断为癌症，他们决定推迟开店的计划，先把存下的 10 万元送给弟弟治病救急。

由于李云懂上海话，并且见多识广，居委会的员工会挑他去做一些社区工作。队长阿德也觉得他"有文化"，总是请他替自己写报告，或者每次集合时帮忙拍照。二十四岁的阿德初中毕业，一看到 excel 或者 word 就头大。有一年文武公司让保安队长和班长一起去复兴岛上接受培训时，阿德也带上了李云，因为那一两天的培训被视作放假散心的福利。有时阿德也会去菜场买些肉和蔬菜，让李云做饭，请几个亲近的保安一起吃。李云的性格随和包容，从未与其他保安发生过矛盾。然而，这些品质并不能帮助他在这个重视身高、体格和年龄的行业取得成功。由于他外表瘦小，阿德不得不将他调到夜班，以躲避业主的注意。

李云告诉我,白天的夜班保安宿舍就像在演奏"交响乐":有人打呼噜,有人磨牙,有人不戴耳机玩电子游戏。他每天只能睡上三四个小时,然而他没有向阿德抱怨,总体上他对自己的生活很满意。

2018年,李云告诉我,他的理想仍是去兰州做烤鸭生意,但首先,他需要存够钱,并通过申诉拿回被法院冻结的资金。上海的租金太贵,他从没有考虑在这里重新开一家烤鸭店。

无论是过去在上海开餐馆,还是如今在上海当保安,李云每年春节都会和妻子回老家与父母孩子团聚。当我问及他对生活中这些戏剧性的转折有何感受时,他回答:"其实每个人的人生都差不多,都是过完三万天。无论我富有还是贫穷,生活都会一天天继续下去,我选择每天快乐地生活。"我在他的微信朋友圈中也看到了这句话。

吴宇,五十四岁,自2016年起在大地担任保安。他长得黝黑消瘦,和其他从农村来的保安在外表上没什么区别,但当我从阿德那里了解到吴宇过去是一名数学教师时,立刻对他的人生轨迹产生了好奇。

吴宇自豪地告诉我,他二十多岁时曾在军队服役,所以现在的身体素质比同龄人好。退伍后,他在安徽省一个小镇的小学里当数学老师,娶了同村的一名女子,生了两个儿子。2009年,他的工资大约是2000元,勉强维持着一家四口的生活。但在那年的下半年，教了近二十年数学的他突然辞职了。

我问他是什么让他辞去教师的工作，他沉默了一会儿，小声地回答："我想有钱。"那几年他有些朋友下海做生意挣了不少钱，他十分羡慕，不甘心就这样过完一生，开始考虑做生意。

做什么生意好呢？那时，高端品牌的汽车在小镇上还很少见，有些人喜欢租豪车，用于婚礼和其他重要的社交场合。吴宇很早就考了驾照，他很享受开车，平时也爱钻研汽车品牌，但买不起车。他突然想到一个点子：如果做豪车租赁，自己既可以过过开豪车的瘾，生意也应当不错。他乐观预计，做这行的收入没准会让他实现阶层跃迁。

下定决心后，他辞去了教师工作，买下两辆二手车：一辆19万元的本田和一辆46万元的宝马。由于家里几乎没有存款，购车款全部来自借贷。他先向一家私人贷款公司（高利贷）借了首付，又向银行贷了剩下的部分。他每月在银行的抵押贷款还款额为9600元（宝马车6600元，本田车3000元），此外还有高利贷的欠款和利息。

事实很快就证明，他的决定是一个巨大的错误。

在一个人口规模有限的小镇上，有租赁豪车需求的家庭并没有他想象得那么多。在他难得做了一单1000块钱的生意后，往往接下来连续几天甚至几周都无人问津。他每个月的收入很少，根本无法偿还银行月供和高利贷。在苦苦挣扎了两年后，因为长期拖欠贷款，两辆车被银行收走拍卖，他彻底失去了收入来源。紧接着高利贷也上门催债，不断派地痞流氓去他家骚扰、威胁。妻子感到失望和害怕，也十分气愤，坚决要求离婚，甚至扬言希望他坐牢。面对乱作一团的生活，他有一天突然不告而别，一走了之。

在来上海躲债前，吴宇曾去不同的城市做过各种非正式工作。由于欠银行钱，他被列入失信人名单，无法申请信用卡或贷款。他在上海的第一份工作是在一个只有几栋住宅楼的封闭小区做夜班保安，月薪为3700元。他对这份工作唯一的不满就是工作时间需要日夜颠倒。几个月过去了，吴宇仍然难以调整自己的生物钟，做到白天入睡，晚上保持清醒。他心想：反正白天怎么都睡不着，为什么不索性再找份工作多挣点钱呢？

他很快找到了第二份工作——给一栋写字楼打扫卫生间。这份工作的工资很低，但工作时间正好错开了他的夜班时间表。他连续几个月都在白天工作八个小时，晚上工作十二个小时。由于睡眠严重不足和过度疲劳，他变得筋疲力尽，经常在值夜班时不知不觉地睡着。

根据那份保安工作的规定，若被发现在值班时打瞌睡，每次罚款200元。吴宇称，一起值班的同事忌妒他同时做两份工作，经常在他睡着时搞恶作剧吓醒他，最终向队长揭发了他打两份工的秘密。

吴宇被解雇了。在找了几个星期的工作后，他通过一家职业中介找到了大地小区保安的工作。由于他当过兵，身体强壮，个子高，看起来比实际年龄年轻，阿德把他安排在日班，他终于不用日夜颠倒了。

找工作期间，吴宇偶遇一个同乡，得知自己的大儿子被大学录取了。他非常兴奋，同时也感到遗憾，因为他无法为儿子的学费做出贡献。他常常为当年放弃数学教师的工作感到后悔。如果他还在当老师，现在工资应该涨到了4000多元，而且能拿到更高的退休工资；虽然这点工资离"发财"还很远，但至少他能与家人生活在一起，而不是孤身漂泊在一座陌生的城市。

我问吴宇将来有什么打算，他说没有任何计划，只希望能在大地好好当保安，多做一天是一天。他知道当保安是不可能还清债务的，悲观地认为自己这辈子都不得不在躲债中度过。

吴宇并不是唯一一个为了逃避债务才出来当保安的人。四十九岁的方志也是为了躲避高利贷从苏北农村来到上海的。这是他第一次来上海，也是通过一家职业中介找到这份工作的。2018年1月我遇见他时，他已经在大地小区工作了两个月。

方志以前是农民，后来创业做水产养殖花光了所有的积蓄，还向高利贷借了10万元。他一开始和吴宇一样，对自己的生意很有信心，因而这笔贷款的利率非常高，每月20%。可天不遂人愿，第二年的水污染导致他养的鱼虾全都死了，生意也失败了。高利贷终日上门催债，妻子也和他离了婚。

他声称那个高利贷组织像是"黑社会"，在老家势力盘根错节，所以他的家人在被上门骚扰时多次报警都没有用。为了不连累家人，方志离婚后独自离开了家乡。看得出来，他已经被高利贷组织吓破了胆，怀疑他们可以定位他的手机，所以换了一个别人名下的电话号码，也不敢和家里有任何联系。

尽管我承诺过，但他依然不放心，三番五次提醒我不要把他的真名和照片放在互联网上。"这些人什么事都干得出来。如果他们知道我在大地上班，会到这里来找我。幸好他们相信我已经切断了和家里人的联系，不再去纠缠我家里人了。"他为自己七十多岁的母亲感到难过。母亲即将接受手术，而他作为长子，本应在身边照顾。

为了尽早偿还债务，方志平时几乎不花钱，一日三餐都只吃泡菜和粥。他只通过微信和高利贷债主保持联系，一旦他存了一些钱，就立刻通过微信把钱转给债主，希望他们不要把他和家人逼那么紧。他略带几分绝望地告诉我，他已经下决心要偿还剩下的 8 万元本金，只是利息已经累积得非常高，无论如何也不可能还清了，他也不知道该怎么办。

他考虑辞职去当快递员或者外卖员。"送快递和外卖会更累吧？"我问道。"是啊，但我来这里不是为了享受，我是来挣钱的。我以前养虾的时候，一整天都要站在泥塘里，我不信送快递会比那个更辛苦。"访谈过了两个月后，方志离开了大地，没人知道他现在在哪里。

我还遇到了几个躲债的保安，他们通常是因为创业或投资失败，或者家人生病需要高额的医疗费，欠下大笔债务。

这些躲债者全年都在大地生活和工作，很少与外界接触。即使是在同一个白班或者夜班工作，保安也很少询问彼此的人生经历，除非对方主动讲述。无须社交、没有背景调查、用现金结算工资，这份工作令躲债者把都市的居民小区当作庇护所，过着隐秘的生活。在躲避债主的同时，也躲避着情感的牵绊、濒于崩溃的现实和理想破灭的痛苦。

这几个人的故事既很特殊，又很典型。在都市的封闭小区里当保安的人形形色色，这份工作可能是他们为了应付眼下的困境而做出的权宜之计，也可能是一个长期的决定，保安身份已经成为他们自我认同的一部分。他们少数人像李云一样登上过高峰又跌入低谷，大部分人则可能从来没有机会体验世俗意义上的成功。他们有过梦想，拼力实现过，然后又退回到两手空空的境地。他们可能是城市居民眼中那个爱偷懒打瞌睡的保安，也可能是敬岗爱业的楷模，但身上的制服无法把他们变成英雄，他们和你我一样，只是有着自己的恐惧、忧虑和渴望的普通人。他们对城市发展做出贡献，但注定只是城市空间的过客。

第二章
最大的优点是不难，最大的缺点也是不难！

在中国都市中无处不在的小区保安到底是份什么样的工作？小区保安工作是何时出现的？又如何变为今天的形式？顾名思义，保安应当是一个为了保卫安全而存在的行业，然而在当下，安全服务只是小区保安众多职能中的一项而已。通过对小区保安日常工作的观察和与他们的交谈，我把小区保安工作定性为一份"琐碎的工作"。

一

"保安"一词在改革开放后才出现在中国大陆，但保卫安全的服务在中国并不是新事物，我们先回顾一下历史上与保安相似的职业。

家丁与镖师是农业文明的产物，而现代小区保安是基于工业文明的城市发展的产物，两者在历史上没有传承关系，但有趣的是，在功能上有相似之处。

新中国成立之前，那些富有和声望显赫的家族，譬如大地主、富商和官员，常常请家丁来保护住宅、家人和财产。家丁是为主人服务的男仆役，除了保卫的任务外，还要做各种差事和体力活。有些有权势的家族会雇用上百名家丁，相当于一支装备精良、训练有素的私人军队。

除了养家丁，富豪人家还可以向镖局（镖行）寻求专业的安全服务。镖局的出现不晚于明朝，并在清朝发展至鼎盛。在古代，长途跋涉的旅行和运输危险重重，行人和财物经常会遭土匪打劫。因此，相当于快递和武装押运之结合的镖局逐渐流行起来。到了后期，大型镖局的服务不限于保障旅途安全，还会派镖师去保卫客户的家院和生意场所，和今天的保安类似。

镖师首先必须身强力壮、会武功、能打斗；其次，他们最好还能认识一些土匪，至少要懂得土匪的黑话。如果能与固定线路上的土匪建立联系，押送财物的任务就会容易许多，否则，他们不得不自己打出一条血路。镖局对土匪经常持有矛盾的态度，既不希望土匪抢劫货物，又不希望土匪完全消失，因为他们很清楚，这个行业的繁荣建立在土匪的猖獗上。因此，镖局会定期向某条路线上的土匪头目行贿。收受贿赂的头目会约束手下，让该镖局的货物在他的地盘上畅通无阻。最终，镖局和土匪建立了一种合作共赢的关系。

辛亥革命推翻清政府后,中国社会陷入了长期的混乱。与此同时,铁路、汽车和轮船等交通工具的进步,使得人们出行更安全便捷。随着土匪的减少,各大镖局也逐渐关门。有着三百多年历史、规模最大的会友镖局于1921年停业,标志着镖局时代的结束。

1978年改革开放后,中国社会在八九十年代进入转型和高速发展时期,面临一些新的挑战。

放眼世界,每个国家的现代化和城市化过程往往会催生犯罪动机,制造犯罪机会,并削弱传统形式的社会控制手段,从而引发犯罪率的上升。在中国也是同样。首先,国企改革造成大量工人下岗,加上城市中贫富差距急遽扩大,造成部分人的心态失衡;其次,比起计划经济时代表面上的物质平均,改革开放后,消费性商品变得十分丰富并随着市场化进行分配,这更容易诱发经济犯罪;最后,改革开放后社会控制的传统机制被削弱了。譬如,高度的人口流动特别是从农村向城市的流动,削弱了村委会、户籍地的约束力;城市中商品房的普及,削弱了居委会和街道的功能;私营经济员工以及个体户的增长,削弱了工作单位的监督作用。

中国第一家保安公司于1984年12月在深圳蛇口成立,旨在协助警方处理新的治安形势。

张中方是深圳蛇口港公安分局的一名民警,他在媒体采访中回忆，1980年代初，随着蛇口工业区迅猛发展，外来人口激增，治安日益恶化，影响了经商环境，国企单位可以设立由公安机关统领的保卫部门，外企和民营企业则没有这个条件。有一次他在勘查失窃的百货公司仓库时，老板娘提出，希望有民警帮忙执勤。后来张中方得到领导的指示，去香港考察了当地的保安业，最终结合香港经验和深圳经济特区的实际情况，提出可"成立一家由地区公安机关开办，但保安员不属于警察编制的保安服务公司，为外资企业提供有偿安保服务"。

1984年12月18日，在接到深圳市政府批示当天，蛇口保安公司在海边的一间小铁皮房里成立了。张中方从四五百名申请人中选出三名年轻人作为第一批员工，并培训他们擒拿格斗的技能和举止礼仪等。两天后，三人便被派往一家高档海景西餐厅上岗。他们的存在使餐厅治安大为改观，此后蛇口保安公司发展迅速。

那么小区保安又是在什么背景中普及开来的呢？可以说，它和房产私有化以及封闭小区的流行息息相关。

二

新中国成立后，中国大部分私有财产都通过购买或者征收的方式被收归国有，而城市中的许多土地被分配给国有企事业单位，用于建造厂房和居住区。作为城镇中的社会组织形式，国有企事业单位都是自给自足的实体，为员工提供公共住房、食堂、子女教育、医疗等设施。一些工作单位，如工厂、大学、行政机构、国企等，还建造了大规模的、集生产与分配为一体的独立大院。这种模式体现了当时从苏联借鉴的"反城市"(anti-urban)理念：阻止城市扩张，将消费空间转变为工业生产空间，并进行集体消费。

好单位成了人人羡慕的地方。为了保护单位内部的各种资源不被外人侵占蹭用，从1960年代起，这些单位大院都纷纷建起了围墙。一个单位的居民住在一起，互相认识且知根知底。大门口的岗亭中坐着一个守门人，被称为"门卫"。门卫通常和居民同属一个单位，职责也很单一，主要就是看守大门以防外人进入，收发信件，留心形迹可疑者。

那个时期，城镇居民的衣食住行甚至社交都和工作单位息息相关，生活的方方面面也受到工作单位的管理。那么，还有一些没有分配到公共住房的城市居民，要如何被纳入管理系统呢？以上海为例，大量市民无法住进单位建造并提供的公共住房，而是居住在1949年前建的里弄、石库门、公寓和棚户区，由基层组织——街道办事处和居民委员会监管。

1954年颁布的《城市街道办事处组织条例》首次明确提出设立街道办事处，以"加强城市的居民工作，密切政府和居民的联系"。街道办的管辖区域一般同公安派出所的管辖区域相同。这些街道办事处负责处理政治、教育和社会福利事务，并指导居民委员会的工作。

居民委员会也起源于 1950 年代。作为一个自治组织，它的主要功能是调解居民之间的纠纷，维护公共安全，教育公众遵守法律、法规和政策，并将人民的意见和建议反映给政府。"街道—居委会管理模式"于 1950 年代初期实施，可以有效管理那些不在国企事业单位就业或居住的城市居民。

在计划经济时代，居民的活动不仅受到工作单位、居委会和村委会的管控，往往还受到邻里街坊的监督。

新中国成立后，上海市民首先经历了住房国有化。在这个阶段，中国大部分城市空间都是为了生产用途而设计的，上海也是一样，由工作单位建造并提供的公房，成为 1949 年之前建造的洋房、里弄以及石库门之外，上海市民又一种重要的住房形式。1956 年，上海只有大约 40% 的住宅为市民私有，截止到 1987 年，这个数字更是跌到了 23%。[①]

作为全国住房短缺问题最严重的城市，上海当时三代人蜗居十平方米的现象很普遍，他们的住房被调侃为"鸽子笼"。改革开放后，上海市民的收入水平拉开了差距，先富人群对居住条件有了更高、更迫切的要求，这也意味着房子需要成为在市场上流通的商品。

---

① Deborah Pellow, "No Place to Live, No Place to Love: Coping in Shanghai," in *Urban Anthropology in China*, eds. Greg Guldin and Aidan Southall (Leiden: E.J. Brill, 1993), 399.

于是，从 1998 年起，上海开始住房改革，市民可以根据自己的购买能力，从工作单位买下此前建造的公共住房，或从房地产开发商处购买新建的商品房，这个过程使得不同家庭的住房条件拉开了更大的差距。

上海市民根据各自的购买能力搬进了不同价位的小区，形成了不同阶层的"空间化"，即经济地位相似的人聚集到同一空间。从单位大院到封闭小区，随着空间归类机制的转变，小区外墙的意义也从"国家对资源的再分配"转变为"基于市场分配"。

住房改革后，封闭小区形式的商品房逐渐成为上海市民住房的主流。在欧美国家，封闭小区一般叫作"带大门的社区"（gated community），被定义为"公众被限制出入、有围墙或篱笆的住宅开发区，居民受法律协议约束而遵守同一套行为准则，并且（通常）对管理负有共同责任"。在中国，封闭小区一般是指在围墙或者栅栏包围的空间里，有多栋由同一个开发商建造的住宅楼，以及小区居民共用的一些设施。对于经历过单位大院的城市居民来说，封闭小区的形式并不陌生。

20 世纪末，市场化改革、服务商品化、不断恶化的治安问题和逐渐加大的经济差距，都推动了封闭小区的普及。从居民的角度，他们有许多理由欢迎封闭形式。虽然自 2004 年以来中国的犯罪率持续下降，直至今日已经成为世界上最安全的国家之一，但安全顾虑永远不可能从人们的心头消失。如果周边小区都有围墙，唯独某个小区没有，那它自然更容易成为犯罪分子的目标。而有了围墙，闲杂人等更难进入小区，外来车辆也无法把小区道路当作捷径，既可以提高安全度，也可以保证由居民独享小区内部资源，防止这些设施因拥挤和过度使用而破损老化，影响小区的房价。

封闭小区形式也给城市管理者带来一些便利。首先，从地方财政角度考虑，住宅楼之间的道路和公共区域过去是由警察来维持治安和交通，由环卫工人负责打扫，由绿化工人进行维护的，但是当它们被封闭在围墙内后，业主们必须自掏腰包支付物业费，雇佣保安团队、保洁团队、园丁团队来履行这些职责。其次，从维持社会秩序的角度考虑，围墙能够为管理者制造一个易于管理、清晰有序的都市空间环境。有些学者可能不同意这一点，他们认为封闭小区不同于单位大院，居民可以在这个匿名的、纯粹的住所中，逃避工作单位制度的全方位社会角色和全包式关系；而且由于人口大规模流动和物业管理公司的普及，居委会在封闭小区的功能已经被削弱；业主也被允许选举自己的业主委员会，在小区围墙内享有了更高程度的自治。

我认为两者并不矛盾。比起单位大院，居民在封闭小区中确实可以保留更多隐私和自由，但这种隐私和自由并不是绝对的，当有治安风险时，政府仍然可以通过小区安装的监控、保安、物业和居委会对小区活动进行监控。也就是说，封闭小区的外墙和栏杆能挡住外界的视线和接触，但并不会阻挡治安管理部门的注视。

此外，街道办和居委会至今仍在发挥作用。以大地小区为例，由于面积大、人口多，东西区各设有两个居委会，共四个居委会。尽管法律规定居委会对业委会和物业管理公司只有监督、指导的责任，而没有审批权，但在实际操作中，无论是业主想要更换业委会，还是组织打击群租房的活动，抑或解聘物业公司，往往都需要得到居委会的背书。

从上述讨论中可以发现，封闭小区在中国如此流行是有多重原因的，包括历史文化背景以及民众和政府共同的意愿。而一个小区想要真正实现封闭，光有围墙还不够，还必须有看守围墙和大门的人——保安。

阶层被"空间化归类"导致共同生活在高档小区的中上阶层业主长期担心自己的家园会成为犯罪分子的目标，因此，他们希望能有保安提供二十四小时保护，吓退一些非法和不当行为，确保他们的人身和财产安全。同时，他们也期望保安可以保障他们对小区设施的专属权利。换言之，中产阶层业主对保安的期待和对封闭小区的期待是相似的。因而可以说，保安在住宅空间的普及与封闭小区的流行密切相关。小区的围墙、大门和保安共同划定了小区的界限，围墙和大门有助于保安履行看门的职责，而保安的看守也保障了大门和围墙正常发挥作用。

三

　　大地是一个典型的中产小区，那几年，由于住户多、群租多、内部商业多，它给上海市民留下了大、杂、乱的印象，甚至被一些网络博主贴上了"魔幻"的标签。大地所处的位置曾经是上海市区最大的棚户区，尽管如今已改造为美丽花园和气派的高楼群，但它的历史仿佛成了小区难以摆脱的"出身"。在一些人的想象中，这个庞大的小区就像是段义孚笔下的"丛林"：空间布局错综复杂，野兽（危险的人）时时出没。我最初选择大地作为田野调查的地点，正是想观察围墙、大门和保安是如何守卫居民日常安全的。那么，大地小区真实的安全状况到底如何？

　　自行车和电瓶车盗窃是那几年小区内最常见的违法犯罪。在 2016 年之前，物业办公室几乎每周都会接到至少一起电瓶车失窃报告。它高发的部分原因是：首先，拥有自行车和电瓶车的中国市民非常多，例如住在大地西区、在东区上班的保安绝大多数都是骑电瓶车上下班的；其次，自行车和电瓶车的盗窃难度不大，销赃容易；再者，每辆车的金额不高，警方通常不会投入很大力量调查每起失窃案，最终很可能不了了之。

　　在 2017 年初期，泽信物业为东区的十六个自行车库安装了大门。这些门在白天一直敞开，晚上关闭后，居民只能刷卡开门。自那以后，停放在车库的电瓶车的失窃数量大大减少，但停放在地面的电瓶车仍然不时被盗。

相较于电瓶车被盗，其他违法犯罪事件的发生频率则要低得多，汽车内财物被盗大概排在第二位。从 2017 年中到 2018 年中，同一时间段内集中发生了五六起类似的案件。有小偷深夜潜入地下车库，砸碎一些汽车的窗玻璃，拿走车主忘在车内的贵重财物。一位 Mini Cooper 的车主称，她的一瓶红酒、一条巴宝莉围巾和一盒价值一万多元的人参被盗。一位奥迪 Q5 的车主称，他有两条价值 1400 元的香烟被盗，但他因为嫌麻烦，只是向保安投诉，并不打算报警。

自 2017 年以来，也就是我做田野调查之后，大地没有入室盗窃的报告。文武公司（自 2014 年起接手项目）只能回忆起 2016 年发生的一起。当时一户人家去日本待了半年，2016 年底回来后，他们立刻意识到家里有人闯进来过。总价值四万多元的昂贵葡萄酒、香烟和现金被盗走。证据显示，小偷还曾在房子里喝酒、洗澡、睡觉，像在自己家里一样。

2017 年秋季，大地西区发生了一起抢劫和性侵未遂案。一名年轻的女租客在凌晨回到小区，站在大堂门外等待室友开门时，一名陌生男子从她身后悄悄接近，捂住她的嘴，将她拖拽到旁边的树林中，企图性侵。她激烈反抗并大声呼救，最终该男子抢走她的包逃走了。保安没能及时发现和拦截该名罪犯，对后续情况也不太了解。

文武公司在 2014 年接手东区的项目以来，东西区只发生过一起凶杀案，即在第一章开头提及的那一起。

通过公开报道和物业员工的讲述，我查到在文武公司接手前大地发生过两起谋杀案。一起发生在2005年2月。女子王某在和大地业主张某分手后，因为气不过，想找人教训一下张某。一天清晨，张某刚打开门，三名男子趁机闯入他的家中，捆绑他的现任女友并对他进行围殴。张某后来被保安叫来的救护车送往医院抢救，但最终因伤势过重身亡。这三名男子以故意伤害致他人死亡罪，被判死缓。张某的母亲后来起诉了泽信物业，要求泽信为儿子的死承担一半责任。她的代理律师认为，正因为小区保安形同虚设，才导致三个歹徒可以自由进入案发楼栋，并在张某家门口埋伏两个多小时。我没有查到这起民事官司的宣判结果。

另一起发生在2013年5月。一名男业主用厨刀杀死了同居女友，然后从十三楼阳台跳下身亡。根据当年的新闻报道，这个男人已经离婚，同居女友是他五岁女儿的老师。

2014年以前或许发生过其他凶杀案，但未见公开报道，物业员工也不记得了。

因为居民数量庞大，大地的自杀人数也多于普通小区。据泽信的员工讲述，在2016年之前的十年中，大地小区每年都会发生三四起自杀案件，大多是跳楼。而就在我来小区没多久后，一位老人从三十多层的高楼跳下自杀。

警方偶尔会突击大地的一些单元，抓捕吸毒者和聚众赌博者。由于保安不需要参与每一次突击行动，泽信和文武也不掌握此类案件的准确数字。

2018年春天，一位老年业主向保安办公室报告，他家楼上传来"很大声的、不正常的"声音。两名保安跟随老人上去查看时，发现门后传来疑似男女性爱的声音，但没有人应门。两名保安想要离开，但老年业主坚持要他们留下，并要求他们报警。警察赶到现场，敲开门后发现，一男一女疑似在吸毒，正处于极度兴奋、神志不清的状态。这个女子是一名已婚业主，与家人住在大地的另一栋楼里。她为情人在东区租下这套一室一厅，以便两人每天幽会。警方以涉嫌吸毒带走了这对情人，丑闻因此在小区内曝光。

后来保安队长阿德告诉我，如果不是因为楼下的业主坚持要报警，他会让两名保安离开，不要掺和这种事。由于居民的满意度是文武能否成功续约的基础，文武要求自己的保安不得窥探和干涉居民的私生活，除非警察或其他国家机关要求他们协助，或物业经理们认为这些活动威胁到了其他业主的安全和福利。在阿德看来，在家关起门来吸毒和赌博，和婚外情的性质差不多，都是业主的"私生活"。

由于大地的群租多，火灾发生率也高于其他小区。根据东方网报道，2007年2月，位于大地某栋三十一层楼的住户发生火灾，当时屋内没有人，幸好两位巡楼的保安及时发现。保安撞门进去才发现，这套七十多平方米的两室两厅被隔成了七个房间，他又撞开了七扇房门，检查有没有受困者。消防队员赶到后，用水枪浇灭了大火，并判断是二手电器短路引发了火灾。

在文武接手后，小区也发生过几次火灾。我在大地做田野调查期间，一名业主因为忘记关煤气炉而烧毁了厨房。据《新民晚报》报道，2020年9月某天的凌晨三点，保安在巡逻时发现小区的电瓶车停车库口有烟雾冒出，且伴有浓重的焦煳味。保安第一时间拨打报警电话，并召集其他队员到场待命。消防队员到达后将明火扑灭。此次火灾造成二十多辆电瓶车和自行车不同程度受损，烧得较为严重的车只剩铁架。

消防局和警局每年都会来大地对保安进行消防技能培训，并在大地的广场上举行消防演练。物业员工和一些居民也会来围观。

其他类型的治安事件偶有发生。例如，一个年轻女子发现自己的猫不见了，她大半夜在住的那栋楼的大堂和电梯里张贴了数百张寻猫启事，并到处涂抹芥末，乱扔垃圾。接到小区居民报警后，警方没有发现该女子有吸毒问题，认为她只是精神受了刺激。此外，大地的楼栋都高于二十八层，最高达三十五层，所以高空抛物时有发生，有时会弄伤行人，并损坏停在户外的车辆。

大地小区在2001年首次推出当时属于尖端技术的闭路监控系统。在物业办公楼的监控中心，几十个球形屏幕占据了一整面墙，同步播放着小区各处摄像头拍下的即时画面。然而，这个系统在几年前就已经失灵——监控摄像头都损坏了,屏幕接收不到信号。如今,这个监控中心唯一还能运作的东西是桌上那部老式电话。

不管白天晚上,泽信总会有一名接线员坐在电话前接听居民来电。这些电话涉及各种问题:有的业主丢失钥匙进不了大堂,有的举报破坏设施的行为,有的报告发现漏水、可疑人物等等。接线员会记下楼号和单元号,并将这些请求转给保安团队,保安队长会根据需要,派保安前去查看。这个系统的效率很低,也毫无科技含量可言。

泽信物业和第二届业委会曾提议更换整个监控和安保系统,当年预估至少需要 200 万元。因为不能获得整个小区三分之二以上业主的同意,该计划便被搁置了,直到我 2018 年离开,小区大门、道路和其他地面公共区域都缺少监控设施。尽管这方面没有达成一致,但泽信仍得到每栋楼三分之二以上业主的同意,用各栋楼的维修基金为大堂、电梯和车库安装了监控,共计一千多个。播放这些监控画面的屏幕和存储视频数据的硬盘也位于每一栋居民楼内或者地下车库。

虽然大地给许多人留下了混乱且危险的印象,但就我住在大地的几个月来说,感觉小区总体上是安全、安静的。大地的一些治安和意外事件的数量比其他小区高,这也不难理解:首先,它是一个超大型小区,有一万多户人家;其次,较高比例的群租房以及小区内的商业设施,都导致大地的人口密度远高于其他小区，且人员相对复杂。这个小区连垃圾日产量都比其他小区多几倍乃至数十倍，各种事件多发也就不奇怪了。

四

我刚到大地没两天，物业想让工程车开进一条原本被禁行的道路，需要紧急搬走设为路障的三个大石礅。队长阿德带了两名保安火速赶到。每个石礅直径大约五六十厘米，重两三百公斤，两人都很难抱住。两名瘦小的保安外加体形高大的阿德搬得满头大汗，也没能移动几米。几位物业的员工，包括我，站在旁边围观，没有动手。最后阿德想了个办法，把石礅推倒，将它们半滚半推地挪到路边。

如前面所说，我最初挑选大地小区作为田野调查的地点是因为听闻它混乱、危险的名声。我以为这一年会遇见许多危险的突发事件并从中观察到保安如何履行安全职责，但实际情况与我的设想大相径庭。在我的观察中，保安绝大多数时间都在为搬石礅这样的琐事忙碌。

当时我在一旁围观搬石礅，不禁在心底疑问，这应该是保安的工作吗？但转念一想，偌大一个小区，公共区域每天都有无数大大小小的体力活需要完成，除了保安这个工种，还有谁可以被使唤呢？

在 1990 年代，治安问题十分严峻，保安行业应运而生。但随着监控等刑侦手段的普及，中国的犯罪率持续下跌，城市空间越来越安全。如今的小区保安除了保护安全，还有更现实或者说更实在的功用——参与管理小区所需的体力劳动，应付各类琐碎的杂活。

早在 2001 年，人民网曾列出一名"理想保安"的八个特点：(1) 具备消防、防盗、擒拿格斗等方面的知识和技能，以便为小区提供安全；(2) 熟悉小区的布局和业主，对进出的陌生人保持警惕；(3) 对自己的职责负责和投入，不应在工作期间聊天或闲逛；(4) 具有人性化的精神，乐于帮助业主，比如帮助老年人搬运重物；(5) 迅速回应业主的需求和紧急情况，并及时、细心地解决问题；(6) 严格遵守规定，协调车辆停放，确保小区的道路畅通无阻；(7) 尊重、礼貌和文明地对待业主，不说脏话；(8) 穿着制服，有士兵般的举止和整洁的外表。

可以看出，在小区保安行业发展之初，社会对保安形象的期望很高，他们既要具备专业的安全技能，又要在各个方面服务业主的需求。但保安到底应该对业主的哪些"需求"和"紧急情况"做出回应，却鲜有人能做出明确说明。

正因为小区保安的职责范围模糊不清，保安公司、业主、物业和居委会常常跨越界限，要求他们承担更多安全服务以外的杂活。比如，一些家庭在装修后会把大量建筑垃圾堆在楼梯间不处理，大地的保洁团队大多是体力较弱的老年人，于是物业通常会让保安把这些沉重的垃圾清走。再比如，2017年共享单车大热，尽管小区门口贴着禁止共享单车入内的告示，但每天依然有上百辆共享单车进入小区，于是两名保安在每天晚上搜寻整个小区，把这些单车扛上板车，分批运到小区外面。

有一些业主会找保安为个人和家庭办事，例如搬家的业主请值班的保安帮忙搬家具，也有业主请保安帮忙搜寻走丢的宠物。有时，业主会给保安一些小礼物，比如一包香烟或者一瓶矿泉水。然而，并不是所有业主都心存感激，一些人认为他们支付的物业费本就包含了保安的劳动时间和"琐事"服务，认为这是保安分内的事，甚至表现出颐指气使的架势。

2016年群租房整治活动刚开始时，街道办事处需要保安队派四五名保安参与例行的"敲群租"任务。这项工作很费体力，需要每周工作四个半天，几乎持续了一整年。或许是意识到这是额外的工作，街道办事处曾承诺支付每名保安每天50元的报酬。有了这个承诺的激励，保安们在"敲群租"时十分卖力，一些人甚至都计划好了如何使用这笔钱。然而，这个承诺从未兑现。这些保安虽然很失望，但没有人尝试过提醒街道办事处或询问怎么回事。

在访谈中，周勇没有掩饰自己的失望："我参加了四十多天的行动，本来以为可以拿到两千多元，结果一分钱都没有。"

"你们怎么没去问问街道怎么回事？"我问。

"唉，算了，反正我们也没什么损失，只是花了时间。"

周勇的话透露了许多保安对时间、劳动和金钱的排序——因为生存的困境，他们会把钱放在首位，低估自己的时间和劳动的价值。而业主、物业和街道办可能持同样的思维方式：保安的时间和力气本就不值钱。

虽然替业主跑腿、搬重物或参与打击群租房都算不上保安的职责范围，但据我所知，大地没有一名保安曾对这样的请求说过"不"，最多只是在背后发发牢骚。有些保安表示自己在大门口值班无法走开，需要班长或者队长的批准，但当业主找到阿德时，阿德一般都会让保安离岗帮忙。甚至保安自己有时也认为这种"帮忙"是理所当然的，"拒绝"并不是一个可选项。一名保安告诉我："文武是我们的老板，泽信是文武的老板，业主是泽信的老板。我们怎么能拒绝老板们的要求呢？"当他们受到不公的待遇，譬如街道食言没有给予报酬时，也极少主张自己的权益。

外地保安的这种顺从和怯懦，一部分来自保安职业本身自带的低社会地位，另一部分来自保安对拥有房产和城市户口的业主的自卑感，而这两个标签常常决定了一个人在社会阶梯（social ladder）上的地位。

如今，中国小区保安与西方小区的安保人员在一些方面有着显著区别，其中之一就是在职业功能上。以美国为例，由于人工昂贵，通常只有少数封闭高档小区才雇得起二十四小时执勤的保安。这些保安通常接受过擒拿、急救和使用紧急设备的培训，即使没有配备枪支，也会携带警棍、胡椒喷雾和手铐一类工具，保护客户和自己。他们是安保方面的专业人士，有些巡逻的职位甚至是由下班的警察兼职。除了巡逻和守门外，他们很少参与小区其他事务。

相比之下，中国封闭小区中普遍存在的保安大多没有接受过擒拿和救援（除了消防灭火）的专业技能培训，也不被允许携带任何形式的武器。2014年左右，上海一家民营保安公司发生了一起血案，一名保安因为被班长在其他保安面前训斥而心怀不满，在办公室里用刀刺死了班长。考虑到现实中保安可能卷入的冲突绝大部分发生在与业主或其他保安之间，许多保安公司从这起事件中吸取教训，禁止保安在监控室和宿舍中保存任何危险工具，包括木棍，以防小冲突升级为流血事件。遇到危险时，小区保安只需要及时拨打110和119。最近几年，部分新小区会给保安配备盾牌和防暴钢叉等防御型工具。

为什么中国和西方的小区保安会有这种差异？一方面这表明中国的小区环境整体上很安全，保安在日常工作中需要用到武器和格斗技能的机会并不多；另一方面，这或许也反映了从保安公司到客户对于保安忠诚度和素质的不信任。他们不能完全放心让这些外地保安"武艺高强"甚至携带攻击性武器出现在他们周围，也不完全相信保安有能力处理需要专业技能的复杂情况。

这就造成了一种现象：中国的小区保安，从人员筛选、职业功能、服务内容到应对危险的措施上,都不够"保安"。

五

大地小区的人口众多,总是有各式各样的小问题需要处理。这些活大多没有什么压力,也无须太动脑筋,只需要付出体力,而大多数保安曾经是农民或其他类型的体力劳动者,干体力活是他们擅长的。因而刚开始,保安们往往对这份工作的"简单"感到满意,但当杂活让他们每天像陀螺一样忙碌时,一些人感觉无尽的琐碎工作耗光了自己的精力,越来越无法胜任其他要求反应能力和专注度的工作。

"这个工作最大的优点是不难,最大的缺点也是不难!"四十五岁的梁鑫跟我说这句话时,正准备回老家过春节,不确定是否还会回来。

为什么选择当保安?他告诉我,从老家农村出来打工后,他在上海做了多年的建筑工人,先后在不同的工地上当过砖匠、钢筋工和木工。然而,一次意外改变了他的人生轨迹。一个冬夜,他吃过晚饭回到工地上班。吃晚饭时,他和工友们喝了几杯白酒。

"大冬天晚上站在没盖完的高楼上很冷嘛,喝点酒能暖和点。在工地上干活你得反应快,注意力专注,两只手灵活,只要在一个细节上疏忽,你就可能惹大麻烦。那天晚上我其实已经有点醉了,但自己没觉得,然后就出事了。"他向我展示他的左手,食指比正常长度短了一截。

这次意外造成的手部残疾使梁鑫无法再从事同样的工作,他对站在脚手架上有了心理阴影。那时,在文武的另一个项目当保安的老乡向他推荐了这份工作,他便来大地当了保安,迄今已两年。

当我照例问他"当小区保安会遇到什么样的危险"这个问题时,他笑道:"我觉得在工地打工可比当保安危险多了。工人可能会被切掉手、摔下来或者触电,或者被东西砸中。每年在建筑工地上都有许多死伤。"

我请他解释,为什么又说"不难"是这份工作中最糟糕的部分,他回答:"这个工作根本不需要动脑子。我们就像机器人一样听指令,把全部时间、力气浪费在那些没技术含量的琐事上。如果你去工地上或者工厂里工作五年,至少能掌握一点本事,成了熟练工,工资也会比新手高;但如果你当了五年保安,脑子和手就都钝了。所以你看,在这里待得越久的人,就越难适应其他工作,越离不开这里。"

其他一些保安,如杭静,也都持有一样的看法。来自安徽的杭静曾任白班班长,也是最早和我熟悉的保安。"这不就是温水煮青蛙嘛,"杭静说,"等有一天我们意识到这一点,已经来不及跳出锅了。"

李云这位曾经的老板则从不同的角度看待这份工作。他觉得,当保安不需要做决策,也不需要担心绩效,他在这里可以获得真正的放松。他做生意当老板的时候,经常处于焦虑和担忧之中,每时每刻都必须做出重要决策并承担责任。他说道:"实际上在这两年里,我在大地找到了内心的平静,有时间好好反思自己的人生,不会被打扰。"他的话也表明保安每天承担的那些工作很简单,主要消耗体力而非脑力,而且对体力的要求并不高,因而一个人可以在心思游离时完成。

对于那些仍然渴望社会流动性的年轻保安来说,他们常常因为在工作中缺乏能动性而感到沮丧,他们认为保安工作是无法通往任何前景的死胡同,这也是在这个行业里年轻人流动率如此之高的部分原因。许多人转行进入了近年来蓬勃发展的外卖行业,外卖员的收入取决于每天送餐的数量,如果有拼劲,脑子和身手都灵活,收入有可能是保安工资的两倍。

然而,也有许多保安从未考虑过跳槽,他们认为做外卖员太紧张——为了赚钱,必须充分利用每一分钟,同时确保在道路上的安全。"我做不到,那是年轻人的活,"一名五十六岁的保安告诉我,"保安是适合我们这个年龄段最好的工作。"

总而言之,虽然"保安"的名称没有变,虽然这个职业仍然以安全之名存在,但职责却变多变杂了,他们不仅需要守门、巡逻、管理停车,还需要为业主、物业和居委会等机构干大量杂活,大到"敲"群租,小到清理垃圾。保安经常发现自己很难拒绝任何一方的要求,也难以主张自己应得的权益。随着城市居住空间越来越安全,应对琐事、处理杂务在他们日常工作中的比重越来越高,他们的角色更像是"打杂的",接近于新中国成立前的家丁或者仆役。比起1984年出现的第一批保安,比起西方豪宅区的保安,中国当下的小区保安工作缺乏安全技能方面的专业性,已经成了一份打理居住空间的"琐碎工作"。

第三章
秘密就藏在协议里

一

自2014年签订合同以来，文武保安公司一直在大地的东区管理着一支全部由外地人组成的保安团队，而直至2017年夏天我开始田野调查时，西区所有的保安仍然是泽信物业公司雇用的上海本地人。

我当时在东区的物业办公室上班，租房子住在西区。每天清晨和傍晚，穿过东区和西区正门之间繁忙的马路时，可以看到两个大门口的保安形成鲜明的对比。西区的本地保安看起来总是很懒散，有时坐在门卫亭前面的椅子上吸烟，有时和下班回家的居民用方言聊天。相比之下，马路对面的外地保安总是站在大门口，保持纪律。这种对比一直持续到2017年10月，泽信将西区的保安服务也外包了。

半年前发生的一起意外,很可能是促使泽信做出外包决定的导火索。一个初春之夜,晚上十点,上海保安老方准时来到西区值夜班,室内监控拍到他在十点半左右走进了更衣室。或许是因为刚刚在家吃晚饭时喝了几杯白酒,他感到有些困倦,想去打个盹。第二天早上六点,另一名保安来到办公室准备值早班,发现老方仍然坐在更衣室的椅子上,已经没有了呼吸。

五十多岁的老方因突发心脏病去世。据老方的家人称,老方一直知道自己有高血压,但并不知道有多严重。作为老方的雇主,泽信向他的家人支付了70万元的赔偿金。事发不久后,泽信便开始物色能接手西区的保安公司。

在外包以前,东区的保安也是由泽信直接招聘的上海本地人。他们大部分人住在大地或者附近的小区,每天走路或者骑车来上班。泽信只支付他们上海的最低工资标准2600元,但要为他们缴纳社会保险。此外,这些上海保安和泽信的其他员工一样,每天工作八小时,并享受带薪病假和法定假期。也就是说,除了每周工作六天(比法定四十个小时多出八小时),总体而言,当时大地的保安工作是一种比较遵守《劳动法》的正式就业。

为了遵守《劳动法》,东区保安队分成了四班,按三班制轮换——早班从上午六点到下午两点,中班从下午两点到晚上十点,晚班从晚上十点到早上六点。每个班有十六名保安,总共六十四人。

2014年,泽信在与文武保安公司签约之后,东区原来的六十四名上海保安都被解雇,取而代之的是文武提供的四十一名外地保安。保安团队包括一个白班和一个夜班,每班有十九名保安和一名班长,而这两班人员都由一个队长管理。泽信只需要向文武支付每人每月4500元的工资,其他相关开支都与物业无关了,这么算下来,泽信支付的东区保安费用几乎只是以前的一半。

泽信支付的费用通常在下个月才到达文武的银行账户,而文武也会拖欠保安一个月的工资,到下个月月底才支付上个月的。推迟一个月发放工资已经成为民营保安行业的惯例,很多保安在离职后很难拿到最后一个月的工资。

近十年来,越来越多的物业管理公司不再自行招用保安,改为与民营保安公司签订合同。一些大的民营保安公司可能在为数百个小区提供保安服务。这种决策是市场导向的,它能够替物业公司有效节约成本,同时向业主提供相同甚至更好的保安服务。地方政府也乐于看到这种变化,因为监管几百家保安公司总比监管数不清的自雇保安的企业更容易。官方对这一趋势的偏好也体现在《保安服务管理条例》中,譬如第三章第十三条规定:娱乐场所应当依照《娱乐场所管理条例》的规定,从保安服务公司聘用保安员,不得自行招用保安员。在这样的背景下,一批保安公司迅速发展壮大。

2010年《保安服务管理条例》的施行,代表着保安行业正式向民营资本开放。第二年,一个名叫江林的人和几个朋友创立了文武保安公司。好几个文武的人告诉我,江林当时只是一名保安。但显然,他不是一般的保安,不仅对市场和行业有着敏锐的预见力,还有筹集资金和资源的能力。

得益于有利的政策和市场环境,文武发展迅速,并收购了数十家小公司。截至2018年中,文武与许多大的物业公司签了约,为全国775个项目提供服务,雇佣一万多名员工,业务规模在上海所有民营保安公司中排名第20位。

江林最初的几个合伙人都成了文武的副总裁,且由于快速扩张,许多员工也得到了很好的晋升机会。譬如,李明于2012年加入文武时还只是一名二十岁出头的保安,现在他已成为负责一百多个项目的区域经理。

大地项目位于李明所负责的区域,向他直接汇报的是队长张熙。2017年夏天来到大地小区后,我花了很多时间待在保安办公室,试图与他们熟悉起来,但没过多久,张熙就被革职了。要求他离开的人不是文武的领导,而是泽信的经理们。

张熙被踢走后,文武的高层把此事当作"可能会失去合同"的警告,十分紧张,立刻派两名队长刘金发和阿德到大地上任,全力应对两个月后和泽信的续约。平时文武一个项目只派一名队长,这次同时派遣两人,可见对大地项目的重视。但是刘金发和阿德性格迥异,把他俩放在一起引发了其他麻烦。

刘金发当时二十九岁,身高一米七左右,身材敦实,每天都穿着一身紧绷的西装和锃亮的皮鞋来上班。他总是会整理自己上衣的前襟，掸去裤管的灰尘，把西装保持得一尘不染，有些日子他甚至会穿着一套白色西装和一双白皮鞋出现在保安办公室。当时东区保安和物业的制服都是深色的，刘金发这一身正经而"奶油"的行头让他在保安队伍中格外抢眼。

刘金发认为前队长张熙的管理太过松散，于是新官上任三把火，显示出改革团队的决心。每天清晨六点半到七点的集训本来只是走走过场，无非就是班长喊口号练稍息立正，但现在刘金发要求保安们在阴暗潮湿的地下车库里进行俯卧撑、蛙跳等一系列体能训练，让这些平均年龄在四十五岁以上的保安苦不堪言。

我每次见刘金发时他都穿着西装，对保安们大呼小叫，颐指气使。刘金发在保安团队中发挥了"鲇鱼效应"吗？似乎并没有。他的认真和严厉或许使他成为领导眼中的好员工，但他的自负和傲慢却激起了下属保安的逆反心理，整个保安队变得沉闷而消极。

个别保安，譬如已在东区工作两年的周勇，会把对刘金发的轻蔑和不服气挂在脸上。有一天，刘金发被周勇的态度激怒，当场开除了他。

周勇来自黑龙江的农村，当时四十出头。在收拾行李回老家之前，他和我在宿舍外面的平台上闲聊，讥笑道："不过是个保安队长，他还真当自己是个官呢？"

而我的处境也变得尴尬，刘金发知道我是"物业的人"，对我十分提防。无论我问他多么微不足道的问题，他都表现出"这是重要机密"，翻着白眼一言不发。

另一名队长阿德的性格则与刘金发截然不同。他比刘金发小五岁，身高接近一米九，体重120公斤，站在整体偏瘦小的保安队伍中像是个庞然大物。但他性格温和、友好，爱开玩笑，情商很高，总是和保安们嘻嘻哈哈打成一片。他对工作上的事睁一只眼闭一只眼，有保安向他诉苦，他也只是安抚，并没有和刘金发作对。

尽管阿德任由刘金发做主，但刘金发依然对现状很不满。他认为自己才是这个项目唯一的队长，不明白阿德为什么也在这里。有一天，趁着阿德去文武的总部开会，刘金发要求公司将阿德调离这个项目。阿德得知后也被激怒了，向文武的高层投诉，两人的矛盾公开化。

刘金发收到经理李明的通知，得知被踢出项目的竟是自己后，他情绪失控，砸烂了保安办公室中的部分物品。而许多保安听到刘金发离开的消息都欢呼起来。2017年底，阿德正式成为大地东区唯一的保安队长。

我后来才知道，刘金发被调到了文武管理的另一个小区，被降职为普通保安，自然也无法再穿他那身显眼的白西装了。我也是更后来才知道，阿德能轻而易举地"获胜"，是因为他妻子的哥哥是文武的高层管理人员。总之，那次风波以后，阿德就一直担任大地的保安队长,直到三年后,泽信连带东西区两家保安公司都被业主委员会赶出了大地。

二

2017年10月,老方去世半年后,泽信将西区的保安服务外包给了一家名为柯鑫的民营保安公司。

有意思的是,柯鑫的创始人张柯曾经是文武老板江林的老朋友和合伙人,但几年前两人在生意方面产生分歧,分道扬镳,张柯带着几个高层离开了文武,创办了柯鑫。保安中间还流传着一种说法:张柯是被江林踢出文武的,张柯怀恨在心,从此在各种场合与江林作对。

不管当年闹掰的细节是什么,曾经的合伙人如今成了竞争对手,并且在大地的项目上狭路相逢。而泽信似乎也在暗中鼓励文武和柯鑫的较量,与两家保安公司每半年续签一次合同,希望"失去合同的危机感"可以促使它们持续改善服务质量并保持价格的竞争力。

2017年10月以后,两家公司的保安各自守卫着东西区的大门,每天隔着一条繁忙的两车道马路相对而望。当寒风刮起,文武的保安看到柯鑫的保安已经穿上冬季制服,顿时心理不平衡起来。其中一个保安羡慕地对我说:"他们的帽子比我们的暖和多了""他们的大衣是夹棉的"。上海冬天的温度可能低于零摄氏度，一个人站在户外十二个小时，尤其是在晚上，衣服的保暖性非常重要。

当文武的保安逐渐和街对面的保安熟悉后，他们私下里比较起工资来。得知柯鑫保安的月工资比他们高 400 元，文武的保安们就更不高兴了。一名保安私下议论："西区的住户更少，他们的工作比我们轻松，但却比我们挣得多。"不消说，他们有些人已经在询问柯鑫是否还招人。为了遏制员工的不满情绪和跳槽倾向，文武在 2017 年底将东区保安的工资提高到 4200 元，和柯鑫持平。

对保安来说，这样的竞争对他们有利，但对文武而言，竞争进一步缩减了利润。文武的区域经理李明曾向我抱怨："虽然我们提高了保安的工资，但泽信并没有多支付给我们费用。你可能不信，我们每个月从这么大的项目中总共只能赚一万多块钱。这点钱都不够我们给四十名保安购买三季（春秋、夏、冬）的制服。我们公司还管理着一些上海的小项目，每个月的利润都可能超过两万块。那些小区总共只有五名保安，利润却比大地高，那我们当然可以给每名保安配一套漂亮的制服。"

由于承包的利润十分微薄，阿德也想不通规模更小的柯鑫是怎么做到收支平衡的。难道张柯太想报复江林了，搞恶性竞争，甚至不介意在这个项目上亏钱吗？后来，阿德告诉我一个他打听到的、未经证实的版本：泽信的大领导之一老王持有柯鑫 20% 的股份，泽信每个月给柯鑫的钱比给文武的每人多 500 元，因此柯鑫有更高的利润维持运营。

我对这个传言的可信度提出了质疑:"如果是真的,那老王为什么不索性让柯鑫也接手东区?"

"泽信不会让我们接管西区,也不会让柯鑫接管东区,"阿德回答,"它的管理层喜欢看到我们搞竞争,就像有些领导喜欢看到下属内斗,然后坐收渔翁之利。"

李明多次强调,文武在大地的项目中并不赢利。这让我好奇为什么他们仍然那么积极地想要续约。李明说最重要的原因是占据市场份额,文武不希望让竞争对手特别是柯鑫接手东区。另外,由于大地是上海最大的小区之一,因拥挤和混乱而闻名,文武可以对外宣传自己是大地的保安服务提供方,其他客户自然会认为,如果文武能够处理如此复杂和大规模的项目,那么在规模小的小区也一定能够胜任。利用大地的招牌,文武的真正目的是接下一些利润更高的项目。

大部分民营保安公司主要赚取从甲方处收到的费用和成本之间的差价。在大地项目中,文武从泽信收到的费用为每名保安 4500 元,而成本包括每名保安每月 4200 元的工资以及其他支出,如不同季节的制服、交通标志、防暴装备和所有职责所需的物品。此外,文武还需要承担一些保安的培训费用和奖励,例如,每年会安排两位班长参加上海市郊举办的体能训练。在扣除所有费用后,文武从该项目中获得的利润可能非常微薄,更不用说它所面临的风险了——如果员工发生任何事故或生病,还需要支付医疗费和赔偿金。

有一天,我和李明讨论起老方的意外去世,我问他:"如果照你说的,公司每个月只有万把块的利润,那万一再发生这样的事故,岂不是要赔掉许多年的利润?"李明微笑着回答:"如果那个去世的保安是我们公司的员工,赔偿会少得多。"

为什么面对相似的情况,文武可以比泽信赔偿少得多的金额?文武是如何将风险降至最低的?当利润如此微薄时,文武如何运营该项目?答案可能藏在保安入职时签署的多个协议中。

三

在签署劳动合同之前,文武公司会告诉应聘者,他们有权在当地医院自费体检,在工作期间若发生与健康有关的意外事故,出示一份无相关病史的体检报告可以获得更多的赔偿。如果不提供体检报告,也不影响保安获得这份工作,但是文武会要求保安签署一份同意书,表示由于员工放弃体检,公司在录用时对员工的健康状况不知情,不对员工在工作期间因患病导致的伤害或死亡承担责任。这份同意书可以让文武在此类事故发生时免于支付高额的赔偿金。

绝大多数保安自愿放弃了入职前体检的权利。当我问他们原因时,他们要么回答自己很健康,没必要做体检,要么说不想这么麻烦或者不想花这笔费用。

我过了一段时间才明白他们"无所谓"背后的逻辑。一份好的体检报告固然可以证明他们身体健康，万一发生与健康有关的意外，也可能得到更多的赔偿，但是，既然报告显示他们很健康，那么还会发生什么与健康有关的意外事故呢？反过来说，万一体检出来他们存在某些健康问题呢？他们担心文武为了规避风险而不录用他们，而他们也白白花了一笔体检费。

此外我还注意到，那些外来务工人员通常不愿走进医院，即使感到健康出现问题，他们也带着鸵鸟心态，避免去看医生做检查。这背后主要有两个原因：一是他们在城市里没有医疗保险，看病太贵，能省则省；二是他们是老家一大家子的经济支柱，心理上无法承受真的检查出疾病而不得不停工治疗的结果。对他们而言，当下的赚钱生存占据了所有的心思，哪还有资源和精力为"疾病引发意外"这种小概率事件做准备？

社会保险，尤其是医疗保险和养老保险，是上海保安选择这项工作最重要的原因。2017年夏天，在大地西区的门口，我和上海保安老昕聊天。五十四岁的老昕自豪地告诉我，他家在附近小区有两套价值千万的房子。他声称自己并不在乎薪水，这2600元还不够他一周时间在麻将桌上输掉的钱；他接受这份工作仅仅因为很轻松，且不必像失业时那样自己承担社保费用。

这让我想到我在苏州一个小区遇到的当地保安老周。老周也是由物业公司直接招聘的，如今六十三岁，月工资只有1900元，为的也是物业公司替他缴纳社保。原来，他在三十多岁时因打架斗殴被判刑，出狱后一直打各种零工，到了六十岁才发现，他入狱前总共只缴过十年社保，未缴满十五年，因而无法领取养老金。不得已，他在六十岁后又找到这份工作，就是为了有雇主继续为他缴纳社保，让他在五年后可以领取养老金。

1995年施行的《劳动法》第七十二条规定："用人单位和劳动者必须依法参加社会保险，缴纳社会保险费。"但现实中，大量民营公司并不遵守法律。为了抑制日益增长的就业非正式化趋势，国家在2008年颁布施行了新的《劳动合同法》，又在2011年施行了《社会保险法》，要求企业为社会保障制度做出贡献，并承担社会责任。

虽然劳动合同上写着保安公司为保安"办理和缴纳社会保险费"，但实际操作中保安公司往往不会缴纳强制性社保。当我问李明文武是如何做到的，他回答："基本在这里工作的保安都是农村户口，很可能已经加入了新农合。"

新型农村合作医疗是由政府组织、引导、支持，农民自愿参加，个人、集体和政府多方筹资，以大病统筹为主的农村居民医疗互助共济制度。该项制度于2003年正式启动试点，2008年基本实现了全覆盖。农民只需支付少量保费[①]即可参加，而一旦参加，在政策范围内的住院费用报销比例达到70%。新农合大大减轻了农民寻求医疗服务的经济负担，普遍改善了他们的

---

① 2003年每人每年缴费10元，2022年每人每年缴费350元。

健康状况。

同时，新农合也具有与户口制度相同的功能，即调控人口流动。新农合可以报销其他城市的医疗费用，但报销的比例比在家乡要小得多。这意味着比起缴纳上海社保的员工，有新农合的外地保安在上海看病会昂贵许多。第一章提到的黄佳国曾在上海的一家医院被诊断出阑尾炎，预估手术费用超过 20 000 元。黄最后决定请 20 天假，坐火车回到家乡进行手术，含路费总共只花了 8000 多元。

由于小城镇和三线城市的医疗资源根本无法与大城市相媲美，所以一些病情严重的人，如我在下章会提到的保安小兵，别无选择，只能留在大城市治疗。

文武将新农合作为不提供保险的理由。保安如果想得到这份工作，在入职时需要承诺他们已经在家乡享有新农合或者其他社保，并接受文武不为他们在上海缴纳社保。我问李明："如果一个上海人来应聘，要求你们为他购买社保会怎样？"李明给了我一个熟悉的微笑："我们不会接受任何上海人的申请。"

没有社保不仅仅意味着在上海看病更贵，还意味着在失业时无法领取失业救济金，到了退休年龄也无法领取养老金。然而我在和保安的交谈中发现，他们对此并不在意，甚至很多人表示，哪怕公司要给他缴，他也不乐意。

2024 年 3 月，我在一篇新闻报道中读到了相似的情况和相似的理由。根据那篇报道，2024 年 3 月 25 日下午，上海市人大常委会组织了一场"新就业形态劳动者权益协商协调机制建设"的讨论，有许多外卖员和快递员参加。当一位人大代表提出要保障这些打工者的社保时，在座的打工者却并不领情。

以下是他们陈述的理由：

"如果缴社保，每个月我个人要出700元，这700元相当于我要送100个订单。这700元我寄回老家，给我女儿买点玩具不好吗？而且我在老家已经缴了新农合。"

"缴社保的意义就是，等我老了会有保障，但是我不一定会在上海待多少年。而社保能退吗？退不了！当然，如果（外卖）平台能百分百承担社保，那我也是愿意的。"

"为啥很多人不愿缴纳？一来，我们快递行业的小哥来自全国各地的农村，在老家都有新农合；二来，我们也无法满足社保缴纳数额的上限，按照规定，社保要缴满十五年，我们很难达到，而且快递行业中五十多岁的小哥占比也不少。"

当年保安给我的回答和这些外卖小哥的回答如出一辙，他们不希望因为缴社保而让到手的工资变少，而且大部分人留在上海当保安只是权宜之计，根本不知道自己下个月、下一年会在哪儿。事实上，如果这些打工者在缴纳社保满十二个月后因为工作变动回了老家，他们可以把社保中的养老金部分从上海转移回老家，但即便这样，他们在老家或其他地方也必须找到一份能继续缴社保的正式工作，才能不让已经缴纳的部分浪费。

这些"农民工"保安为何甘愿放弃体检和放弃缴社保？为

什么城市本地保安最看重的利益，他们却毫不在意？一些学者可能会将答案归结为"农民工"的法律意识弱、风险意识差、目光短浅、不懂为自己做长期规划等等。但当我们真正听到这些外来保安的心声便会明白："活在当下"是人们在某种处境下做出的无奈而又理性的选择。

正因为当下的生活是如此岌岌可危，所以他们不得不把所有的资源、精力和时间都用于保障当下的每一天。至于"老了以后怎么办"，"生病意外怎么办"，他们即便有这个意识，也不愿意分出现有的宝贵资源去应对不确定的未来。他们并非不知道养老金和赔偿金的重要性，但这两者目前对于他们来说就像是性价比低的奢侈品。让一个生活艰难的打工者每月拿出几百元缴社保，就如同让一个饥肠辘辘的人交出手上仅有的热腾腾的盒饭，去兑换明年高级餐厅的餐券。

这个现象也提醒政策决策者，只有设身处地替目标对象着想，了解他们的困境和向往，才能知道他们此刻真正需要的是什么。

四

保安们需要签署一份"顶岗申请协议"（加班协议），同意在公司需要时加班。直接受雇于泽信的上海保安每天工作8小时，每周工作6天，基本遵守《劳动法》。相比之下，文武的保安每天工作 12～13 个小时，每周工作 7 天，全年没有休息日。如果他们因病或私人事务请假一天，那一天的薪水会被扣除。

李明向我解释了文武如何延长保安的工作时间而不违反新的《劳动合同法》。2018 年保安的工资为 4200 元，实际上由两部分组成：2600 元为"基本工资＋岗位津贴"等等，1600 元为"加班工资＋节日加班"。超过 40 个小时的额外工作时间都已经支付了"加班费"，因此保安不能拒绝加班。

在一些重要的假期，如春节这种最重要的传统节日，大地保安可以在除夕、大年初一、初二这三天获得双倍的工资。规则的设计是为了鼓励保安在节假日期间坚守岗位。如果他们留下来工作，不仅可以在三天内多赚 420 元，还能省下在春运高峰期往返老家的路费。因此，许多保安会选择在春节前或春节后去探亲。

保安入职时还需要签一份安全责任书，与其说是提醒保安保护好业主安全，不如说是提醒保安保护好自己。责任书明确要求保安"不伤害自己，不伤害别人，不被别人伤害"。签署时公司也会明确告诉保安，不鼓励他们正面对抗罪犯，禁止保安自行干预或制止犯罪行为，而是要求他们打电话报警。这可能与很多业主的期望不符，他们认为保安必须冲在第一线，甚至不怕牺牲。

为什么文武会优先关心保安的安危？如果我们了解文武和泽信所承担的不同责任，就更容易理解这个问题了。根据泽信和文武之间的协议，由于业主是泽信的客户，因此业主如蒙受损失，首先就会追究泽信的责任，只有证明是保安的违章行为造成了损失，才会追究保安公司和保安的责任；而保安是文武的员工，因此保安的伤亡都应该由文武赔偿。这种责任分配方式存在局限性，泽信觉得保安的福祉不如业主的满意度重要，文武则恰恰相反。李明不希望保安为保护业主的财产而冒险，他甚至直白地对我说："我们可不想看到自己的员工为了保护甲方的利益而损害我们公司的利益。"

安全责任书还禁止保安酒后上岗，但这项规定也很难执行。大多数大地保安超过五十岁，来自北方农村。在他们大半辈子的生活中，晚饭时喝上几杯是一种常见的消遣方式。一些夜班保安会在宿舍饮酒后去上班，他们威胁说，如果不能喝酒就辞职，因为"不能喝酒的日子无聊死了"。阿德不得不再次妥协。他在背后评论道："他们就是用酒来麻痹对生活的失望。"喝醉酒的保安偶尔会制造麻烦，比如打砸东西，但幸好这些麻烦都被控制在了宿舍内部。

打架也是被严格禁止的。根据安全责任书，参与打架的双方都将被罚款500元以上，甚至可能被解雇。但打架事件在保安队伍中依然时有发生。有一天晚上，脾气暴躁的老范与新来的许江因琐事发生争执，阿德走进宿舍时，白班班长小范等五名保安正在狠狠地殴打许江。阿德立刻喝止了施暴行为，他在心底对老范等人的嚣张行为感到很不高兴。

然而，他事后向我诉苦，觉得很难完全依据规章制度解决此事。小范是老范的儿子，包括他俩在内，参与殴打的五名保安都沾亲带故，都是周勇介绍进来的。

2017年底，由于和"短命队长"刘金发的冲突，周勇被辞退了，此后便收拾行李回了黑龙江老家。但刘金发被调走后，或许由于招工困难，或许秉着"敌人的敌人便是朋友"，阿德又给周勇打了电话，特意将他请回来。于是周勇风风光光地从老家回到上海，但这次他不是一个人回来的，而是从老家带来了三个亲戚——他们听到他的经历后，都很有兴趣来上海当保安。

没过多久，周勇大家族又有三个人——周勇的表弟、小儿子和侄子——加入了大地的保安团队。至此，在大地东区的四十名保安中，有七个人来自同一家族。通过同乡或亲戚介绍工作，不仅在保安行业，在其他非正式就业中都十分常见。这种基于地域和亲缘的人际网络为这些漂泊在大都市的外地"农民工"提供了一种"身在社区"的感觉。

阿德很清楚，如果他罚款或者解雇了始作俑者老范，这个大家族的其他成员不可能平和地接受他的决定，甚至可能会一同辞职。由于当时白班和晚班都缺人手，他不愿意冒险一下子同时失去七个人。当然，他也不想惩罚或者解雇许江，因为这会使团队中的势力更加不平衡。他只好让这件事就这么过去了。

五

当小区保安的工作变得非正式化后,这个职业的社会地位也滑到了谷底。

在计划经济时代,尽管没有保安公司,但许多单位住宅大院门口都会坐着门卫。这些单位公房的门卫与今天的保安有两个主要区别:一、在大多数情况下,门卫唯一的职责就是看守大门,而这如今只是保安要执行的众多任务中的一项;二、门卫通常是这家单位的正式职工,并且是同一小区的居民,与其他居民在社会地位上没有太大区别,只是分工不同。从某种意义上说,这些门卫起到了一种街坊邻里的互助看守作用,而不是提供专业的有偿服务。

自改革开放以来,我国的就业结构逐渐发生了巨大的转变。"铁饭碗"被打破了,国有和集体单位的从业人数占城镇从业人数的比重从1978年的99.8%下降到2001年的37.3%,2008年进一步下降到25.2%。国有单位的工人与单位关系密切,在计划经济时代有着很高地位,但在改革开放后,特别是在1990年代的国企下岗潮后,工人规模已经大大缩小,社会地位也有所下降。大地小区于2006年竣工时,泽信雇佣的上海保安中,就有许多因为转制而下岗、提前退休的工人。

由于这些失业男子通常在五十岁以上,缺乏在劳动力市场竞争所需的技能或学历,所以街道办等基层组织会推荐他们到里弄、石库门或商品房小区的物业工作。上海保安的工作量就像计划经济时代的门卫一样轻松，本地业主也习惯称他们为"门卫"而不是"保安"。但此时这份职业的地位和计划经济时代相比已经发生了巨大变化，他们从小区居民变成了服务人员。在经济分化的社会中，薪水低、没有门槛，加上从业者的人生通常不怎么成功，都使得保安一职的地位下降。

中国自 1995 年起实施了《劳动法》，承认短期劳动关系并要求签劳动合同，其目的是希望劳动合同制度能够方便国企单位打破"铁饭碗"，同时也能保障民营企业劳动者的权益。但是随着市场化改革带来的下岗潮和农民进城务工，城市中出现越来越多的非正式就业岗位，这些岗位在工资、福利保障和职业安全方面都没有遵守《劳动法》。根据调查，在 2005 年，84.3% 的外来人口在城市中从事的工作属于非正式就业，只有 2.1% 的外来工人可以获得养老保险。[①]

无论《劳动法》和《保安服务管理条例》的内容多么严格，这些法律和政策都只能通过地方政府的执法和企业的遵纪守法才能生效，但是企业总能找到迂回的方式来规避法律法规。

最近十几年，越来越多的物业公司将保安服务外包给民营保安公司，这样做可以最大程度地压缩成本并转移风险。保安

[①] Sarosh Kuruvilla, Ching Kwan Lee, and Mary E. Gallagher, eds., *From Iron Rice Bowl to Informalization*: *Markets, Workers, and the State in a Changing China* (Ithaca, NY: Cornell University Press, 2011), 1.

公司也持有同样的目标：利润最大化，风险最小化。协议双方通过把保安岗位变成违反《劳动法》的非正式工作，来实现外包背后的经济利益。

李明表示，并不是只有文武这么做，几乎每一家民营保安公司都会要求保安签署这一系列协议，"否则，这家公司就活不下去"。这些深思熟虑的协议，是文武规避法律和经济风险、谋求生存的第一步。然而，风险并不会因此消失，这些协议只是将风险转嫁给了保安，将他们的生活置于更不确定的境地。

当正式雇佣的本地保安被非正式雇佣的外地保安取代后，后者面临着各种违反《劳动法》的行为：低薪、严重超时工作、没有社会保险、拖欠工资、随意解雇等。劳务外包的形式使得处于这一关系结构底层的保安便要接受物业公司和保安公司的双重指挥。这些保安成了社会阶梯底层的"被恐惧阶层"，即流动人口和非正式就业者的交集。

1984年，第一家国营保安公司在深圳成立时，首批三名保安是从数百名申请人中挑选出来并接受过专业培训的，他们为自己的职业感到非常自豪。当时年仅二十三岁的胡宏荣是这三名保安中的一员。四年后，他辞职后成立的一家消防器材公司如今已是国内知名的大企业，而他至今仍担任总经理。他谈起年轻时当保安的经历，认为这份工作帮助他提高了交际能力，建立起人际网络，还接触到消防器材，对他后来成为成功企业家很有帮助。

胡宏荣的经历和如今大地保安的现状形成了鲜明对比。在近四十年间，保安已变得无处不在，成为所有城市居民的生活中必不可少的存在，但保安（尤其是小区保安）这一职业的社会地位却止不住地下滑，在所有合法职业中几乎垫底。

1984年参与组建第一家保安公司的深圳民警张中方曾对记者回忆："那个时候，当地的姑娘都抢着嫁给我们的保安员。"但2009年央视春晚小品《吉祥三宝》反映出二十多年后的状况：做保姆的女孩找了保安当男友，知道家人肯定不会同意，只能谎称自己找了名公安；尽管她的亲哥哥也是一名保安，却依然反对妹妹找同行。

我最开始向大地的保安们介绍自己的工作时，保安小亮立刻问道："你为什么对我们感兴趣？我们啥都不是，全社会都看不起保安，我说得对不对？"一旁其他保安只是尴尬地笑而不语。我后来才知道，小亮出身河南一个中产家庭，他因为担心自己当保安会让父母在亲朋好友中间抬不起头，一年多来一直谎称自己在上海当房产中介。

总之，在封闭形式的商品房成为居住主流并且从市场中招募保安之后，保安不再是过去的"门卫"，他们与居民之间相对平等的关系开始发生变化，而当保安最终成为一种几乎没有任何社会保障的非正式工作后，这种平等关系彻底崩塌。

第四章
他们都是老板

2017年11月的一个傍晚，上海市区气温略高于零摄氏度。三名夜班保安来到大地的一号门门口，替换白班保安。傍晚七点左右，和过去一个多月的每个傍晚一样，一号门外已经乱成了一锅粥。

10月1日，大地新安装的"车辆自动识别系统"正式运行。第一个月，大门外的交通陷入了混乱。一号门是东区正门，傍晚时分是业主下班、最繁忙的时候。无法进入小区的车辆进退不得，横七竖八停在大门外，回不了家的车主将怒气发泄在门口的保安身上，值班保安忙于解释规则和维持秩序，个个疲惫不堪。

那天晚上也是一样，那些被拦下来的车主都很生气，三名刚开始值晚班的保安情绪紧张。

一个二十多岁的年轻人来父母家吃饭。他的黑色别克私家车没有在系统里注册，所以无法进入大门。这个年轻人走向一个名叫建宏的保安，让他用遥控器开启栅栏。

　　"抱歉啊先生，物业公司不让我们这么做。"四十八岁的建宏解释。但年轻人听不进去，并因为自己的要求一再被拒绝而越来越恼怒。"这是我们的小区，我们的家！你的工资是我们付的！谁给你这个权利阻止我们回家？"他一把夺走了建宏手里的对讲机，并在建宏的胸口上捶了一拳。

　　建宏吓坏了，打结的舌头什么话也说不出来，只是躲闪着，防止小伙抢夺遥控器。推搡间，年轻人突然用力将建宏绊倒在水泥地上。这场暴力在街道上引发了骚动。

　　建宏的背受伤了，躺在地上迟迟站不起来。有人见状便报了警，但警察赶到后让双方私下调解，只停留了五分钟便离开了。建宏被同事们送去附近一家医院。幸好，他的伤并不严重。

　　建宏的老家远在甘肃，家里的六亩地每年只能赚不到一万元。2002年他来到上海打工，在工地做了多年工后，将近四十岁时成了一栋写字楼的保安。写字楼的保安岗位收入通常比小区保安多一些，聘用条件也高一些。2017年建宏的母亲去世，他搭火车回家奔丧。等他一个月后回到上海，却发现他的职位已经被别人替补了。由于已经过了四十五岁的限制年龄，他再也找不到写字楼保安的工作。最后，他成了大地的夜班保安，因为这里对保安的年龄限制没么严格。他的妻子也常年在上海干着保洁工作。为了省钱,过去的十年里两个人都住在各自的宿舍。

事件发生几天后阿德告诉我,他很失望保安们被这样对待:"业主是对物业的决定不满,但他们把我们当成出气筒。你看到建宏受伤的情况了吧?就算警察来了也不会公平处理的。无论哪一边是对的,上海人总归是偏向上海人。"他这么认为。

在大地生活的六万多人中如果有一个等级体系的话,居于顶端的必然是拥有大地房产的本地业主们,而这些做着非正式工作、拿着低薪的外来服务人员,无疑是地位最低的群体之一。但保安工作和保洁、绿化等工作有一个显著区别,那就是日常职能中还包括让业主听从他们的指令。这种权力和职能的落差大大增加了保安工作时的难度和面对业主时的心理压力。

一

当我们讨论大地业主对保安的态度时,先介绍一下这些业主的构成,以及他们所属的城市中产阶层的发展历史。

中国的社会阶级在近现代史上发生了两次重构。第一次发生于1949年之后,通过阶级斗争和国有化,一些阶级(如封建地主和资本家)被消除了,无产阶级专政得以实现。此时中国社会在名义上只剩下两种职业阶级和一个阶层,即工人阶级、农民阶级和知识分子阶层。尽管当时仍有经理、行政管理人员和教师等职业存在，但他们并不被视作"中产阶层"。

中国社会的阶级结构在1978年改革开放后再次发生变化。政府主导的经济改革重新分配了人口之间的财富，之后的八九十年代，被允许"先富"的民营企业家出现了；国有企业和集体企业中的工人总量因下岗而大大减少，成了工薪阶层。他们与农民以及城市的"农民工"形成了一个数量庞大的经济底层；同时期，职业化的新中产阶层开始出现和发展。

封闭小区的业主大多是新中产阶层，这个阶层在改革开放后才逐步出现，迄今不过三四十年历史，曾吸引了学术界的大量关注。2002年后，官方话语中更常使用"阶层"来代替"阶级"，以此回避"阶级"这个词所承载的历史记忆。"阶层"是一个去政治化的词，只涉及社会经济分化，避免了将穷人和富人、打工者和企业主在政治上对立。那么，应该如何定义改革开放后出现的"中产阶层"？

"中产阶层"通常是基于教育、收入、职业等方面来定义的。当下，西方的媒体和学术界普遍认为中产阶层至少应当拥有房产、医疗保险和稳定的收入。它的范围很广，既包含勉强度日的下中产阶层，也包含拥有更高社会地位和可观财富的上中产阶层。中国的历史背景特殊，无法原封不动地套用基于西方社会的阶级理论。学者张鹂主张，中产阶层是"由不同职业和社会背景的人所组成的、复杂而不稳定的社会构成"。她总结了中国中产阶层的一些特征：一、这是一种都市现象；二、内部的异质性,即这些人有着不同的教育程度、人生轨迹、家庭背景、职业类型,甚至是收入水平;三、过去几十年中暴涨的城市房价不仅使住房成为多数中产家庭最大的一笔投资,也使得"拥有房产"成为新中产一个显著的社会特征。

以如今的房价来看,大地是一个典型的中高档小区,业主属于新中产阶层。大地的业主主要有以下三类人。

(1) 上海本地人:其中很多人可能并没有高薪工作,但是在房价飙升之前就拥有了房产,积累了财富。比如,老梁是一位退休的中学教师,虽然家庭收入不高,但他在2002年就购买了大地的一套两居室,当时每平方米的平均价格为7000元,到2017年时翻了十倍。

(2) 来自其他省份的富人:他们在限购政策出台前来上海投资房产。比如,温州人郭女士只有小学学历,她和丈夫从事服装生意,成了"先富起来的人"。她2006年在大地四期一次性购买了三套房子,2011年卖掉了一套,剩下两套则常年租给二房东。

(3) 有体面工作并在这座城市扎根的精英移民。比如,齐先生来自安徽省,有硕士学历,是一家大公司的中层管理人员,年收入七八十万,他和妻子于2014年用双方家庭的积蓄作为首付,在大地西区购买了一套三居室。

从以上例子可以看出,新中产阶层内部在学历、教育、收入上大相径庭。许多家庭的财富并不是来自工资,而是来自房地产、股票等投资。一个没有学历和工作却拥有多套房产的本地人，可能比一个有高学历、体面工作但没有房产的外地人富裕得多。

泽信物业办公室的职员大多是本地中年人，没有接受过高等教育，工资也和保安相差不大，但他们全都有社保福利，并在大地或差不多档次的小区拥有房产，因而和业主属于同一个阶层。有一天，一名上海中年男业主来泽信办公室办事，表现得比较傲慢，说了一些狂妄的话，突然，一名泽信中年男职员从椅子上跳起来，作势要打那个业主。其他职员赶紧将他们劝开。我记得那个男职员用上海话喊道："你当你在这里有一套房子就了不起了啊？我告诉你，我在这里有三套！"

学者路易吉·通巴将这个群体称为"一个新的有产阶级"（a new property-owning class），同样指向他们在经济状况上的共性：拥有房产。但通巴认为，和计划经济时代的社会阶级比，新中产阶层在政治上并不"新"，因为他们"与国家政权有一段为时甚久的关系"，并且是"国家政策的主要受惠者"，譬如受惠于经济改革、住房市场化改革等政策。[1]

自1980年代诞生以来，中产阶层的出现和发展就与国家政策有着长期而密切的关系，因此哪怕在日常生活中，他们也习

---

[1] "Q. and A.: Luigi Tomba on Privatized Housing and Political Legitimacy in China." https://sinosphere.blogs.nytimes.com/2015/01/27/q-and-a-luigi-tomba-on-privatized-housing-and-political-legitimacy-in-china. 2017年8月16日访问。

惯于借用政府的话语体系来维护和争取自己的利益。譬如当业主和泽信发生矛盾时，双方都喜欢搬出政府的口号来争论。许多业主批评车辆自动识别系统时，叶经理大声告诉他们："即使政府制定了新政策，也可能有人支持，有人不支持。在这里也是一样的，我们无法满足每个业主的需求！"另一天，一位居民拒绝支付季度停车费，说："你们怎么能强迫我们向你们支付停车费？"叶经理笑着回答："所有国家法规都是强制性的。照你这么说，你能怎么办？不理它们还是跟它们作对？"

引用国家的话语和价值体系来支持自己的主张、合理化自己的行为，是这些员工从长期对付业主的经验中学到的沟通策略。因为物业员工和业主在社会地位上几乎不相上下，所以当僵持不下时，他们便借助政府的话语来增加自己的权威。许多业主在向物业维权时也喜欢采用官方语言，譬如指责物业的做法破坏"和谐社会"等等。过去许多物业和保安公司喜欢让保安穿着类似警察和军人的制服，也是出于同样的考虑：希望借助政府的符号增加保安命令的分量。

在大地，无论业主和物业之间闹得如何不可开交，都很少见到双方把矛头指向居委会或街道办，而这两个基层机构总是像父母调解孩子之间的矛盾一样，斡旋于双方之间。

此外，我极少看到外地保安在和大地业主交涉时会搬出官方话语或将他们执行的任务与国家政策联系起来，这或许是因为外地保安所处的阶层甚至没有让他们意识到或者期待去借用这种权威。

正因为房产对中产阶层业主尤为重要，所以他们对房价非常敏感，而物业服务的好坏不仅影响居民的生活质量，也和房价息息相关。一些业主对保安的不满甚至敌视态度源自他们对泽信物业决策的不满，譬如本章开头的例子。他们把执行物业命令的保安视作物业的"爪牙"，将怨怒发泄在夹在中间的保安身上。接下来我将介绍业主和物业公司之间旷日持久的纷争，让大家更了解大地保安的处境。

二

2017年秋天，保安周勇在微信朋友圈分享了一篇名为《大地，家在公园里》的公众号文章。这篇文章是由一名专攻大地二手房的房产中介写的，包含几十张壮丽的航拍照片。周勇在转发时配上了一句话："我工作的地方真美。"

然而，他可能没有看到该文章下面几十条令人尴尬的留言。留言者几乎全都在指责泽信糟糕的管理毁掉了他们美丽的家园。一些留言指责保安没有对小区大门进行严格的管理，导致什么人和车都可以进入；还有一条评论称这些保安为"恶霸"，因为他们不允许访客的车辆进入小区。

泽信是大地开发商的子公司，从2001年大地第一期交房后就作为前期物业入驻。大地于2006年完全竣工，2008年第一届业委会成立,与泽信签订了临时服务合同。随着越来越多的业主入住,他们开始不满泽信的表现,想要提前结束合同。

一篇广为流传的网络文章指责泽信因管理不善导致大地的房价远远落后于周边小区,并使大地成为上海市民眼中的"贫民窟"。业主们的不满涉及方方面面,主要集中在三个问题上:许多公共设施损坏老旧,泽信未能及时维护或修理;泽信在管控群租方面没有尽职;泽信未能聘请一支优秀的保安团队,导致小区停车管理特别混乱。

此外,从第一届业委会起就有业主质疑泽信在财务方面存在问题,一些业主坚信泽信在挥霍业主的钱。2017年寒冬的一天,一名老年男业主走进开着暖气的泽信办公室办事。他感受到室内的温度后用上海话斥责道:"你们为什么把温度调得这么高?你们不知道是我们业主在付你们的电费吗?太不要脸了!"办公室内大多数是女性职员,大家低头沉默,假装没有听到。在那个男子离开后一名女职员才抬起头,轻声说道:"真是个神经病!"

物业经理叶女士曾经对我自嘲道:"我们不应该再说自己是物业管理公司了,因为业主们不相信我们有能力管理任何事情,我们应该说自己是物业服务公司。"

业主想要更换物业,只能通过业委会的表决。然而在这么庞大的小区,无论是搜集足够多的票数成立业委会,还是投票表决解聘物业,都是一个复杂而漫长的过程。

第一届业委会解散后,经过三年的空缺,第二届业委会于2014年成立。然而,一些业主很快发现该届业委会主任的儿子是泽信母公司的一位领导,这一裙带关系导致该主任辞职。因为业主之间存在诸多分歧,到2018年,业委会更换了三个主任,这也影响了业委会的履职。

有一群业主一直在通过拒付物业费等手段抵制泽信,并积极推进"炒掉"泽信的目标,泽信的经理们称这些人为"维权分子"。根据2017年泽信办公室的数据,每栋楼每个月有20%至30%的业主因各种原因不支付物业费,其中约有2%至5%是"维权分子"。

由此算来,"维权分子"的数量大约占大地所有业主的0.4%至1.5%。这些"维权分子"成为泽信公司高层最头疼的事,但经理们除要求保安密切监控"维权分子"的行动外,也拿他们无可奈何。有趣的是,每当这些"维权分子"趁着夜色在小区各处张贴传单,号召更多的业主加入时,泽信员工第二天立刻用催收物业费的通知覆盖掉那些传单。

为了能在泽信公司的眼皮底下实施"炒掉物业"的计划,"维权分子"只能通过微信群保持联系,并在泽信员工傍晚下班后秘密集会。一些泽信的眼线听到风声后会通知泽信的经理。而那些经理每次获知"维权分子"聚会便如临大敌,立即派保安前往现场,以安全之名进行监视。虽然保安没有采取任何行动,只是站在那里,但已经打乱了"维权分子"的聚会,后者可不希望保安听到他们讨论的内容。

当这些业主推进他们的计划时，泽信公司与他们的关系日益紧张。由于某一任业委会主任拒绝启动解聘泽信的流程，这些"维权分子"要求他离职，遭到他的拒绝。2018年的某个午夜，一群"维权分子"闯入该主任所住的单元，把他从床上叫醒，逼他签署一封辞职信。

收到物业的消息后，阿德急急忙忙带着几名夜班保安赶到那栋楼，试图阻止这种行为，但被那群业主锁在一楼大堂门外。双方僵持不下，几名民警和东区的两个居委会书记也到达了现场。最终在居委会和警方的调解下，"维权分子"同意离开。泽信公司的管理层事后对这场"业委会政变"感到十分震惊，一位经理气愤地说道："他们可以依法追求自己的目的，但不能通过这种下三烂的手段！"

事发四个月后，超过六千名业主联名要求重新选举业委会。最终，东西区的四个居委会支持了这个请求，但又提出附带要求：不能大规模宣扬这次选举。这给"维权分子"搜集到足够的票数带来了障碍。在投票日到来之前，第二届业委会的所有成员主动辞职。

如果泽信真的被"炒掉"，那么文武和柯鑫作为和泽信签约的乙方，自然也会失去这个项目。但当年李明在和我聊到这个问题时显得颇为乐观，他认为这些"维权分子"的努力最终会落空："泽信是大地开发商的子公司，和居委会的关系很好。即使这些维权分子投票选出了新的业委会,居委会仍然可以否决业委会更换泽信的决定。"

他的说法并不完全正确。根据我国法律,居委会是基层群众性自治组织,没有权力批准或者否决业委会依法通过的更换物业的决定。当然在实践中,这类大的举动有居委会的支持会更顺利,如果遭到居委会的阻挠则更艰难。

自从第二届业委会集体辞职后,泽信在没有业委会监督的情况下运营这个庞大的小区一年多。很多需要业委会批准的项目都被搁置了,比如,我租住的那栋楼的两部电梯运行已经超过十五年,经常出故障导致居民被困。这些业主非常绝望,因为他们无法得到业委会的批准,就无法使用维修基金来更换新电梯,只能每天提心吊胆地在电梯里上上下下。

经过一再推迟,直到2019年12月第三届业委会才经选举产生。

大地小区面积巨大,人口密度高,内部道路十分拥挤。随着越来越多的住户拥有私家车,停车位紧张的问题一直困扰着有车居民。特别在傍晚七点以后,车辆都回来了,晚回家的居民难以找到地方停车。大地位于上海市中心,附近公共停车场少且贵,因此也有一些来附近办事甚至坐火车的非居民把车停进大地,过几个小时甚至几天后才回来取车。争抢地面车位引发的纠纷时有发生,有些业主迁怒于保安,责怪他们没有看好大门，让外来车辆进入小区。

　　2017年中，泽信在大地东区的六个地下停车库内安装了自动道闸升降杆。道闸杆不能阻止行人出入，也防不住进入地下车库盗窃车内物品的小偷，它的主要目的不是增强安全性，而是保障车位，只允许那些购买了车位或者交过月租费的车辆进入地下车库。但这个系统依然不能解决地面停车乱和停车难的问题。

　　为了不让外来车辆进入小区，在2017年秋天，泽信为东区的四个大门安装了车辆自动识别系统，定在当年10月1日正式启用。车主必须在此之前到泽信办公室登记并支付季度或年度停车费，否则在10月1日后系统识别不出该车牌号，车辆将无法进入小区。为了限制车的数量，物业规定每户最多只能注册两辆车。在物业经理们的美好构想中，新系统不仅可以缓解地面停车位的紧张，还可以确保物业办公室直接收到停车费，避免保安在经手时盗窃。

　　新系统的资金来自泽信向大地内部商家（如餐馆、健身俱乐部和超市等）筹集的费用，由于没有动用业主的维修基金，安装时没有经过全体业主的表决，仅征得了第二届业委会二十五名成员的同意。可想而知，新系统带来了两极化的反应。一些业主非常欢迎，觉得小区内道路的拥挤得到了改善；但同时，所有走访亲朋、搬家、接送老人或病人、运送建筑材料的车辆，包括出租车，均被阻止进入小区，也给居民造成了极大的不便。

我加入了西区某栋楼的业主微信群，看到很长一段时间内业主们都对这个问题争论不休。一位年长的业主自己不开车，经常邀请朋友们来家里打麻将。过去，那些老年牌友会开车或者打车到他的楼下，但现在只能在小区大门外下出租车，走十到十五分钟才能到他住的楼栋，所以牌友都不愿意再来玩了。他愤怒地说道："现在我们只有向物业申请才能邀请客人来家里，这个次序完全颠倒了。主人得看仆人的脸色办事！"

另一位中年男业主附和道："物业怎么可以不征求业主的意见就安装这个系统？业委会的人都被物业收买了，他们是一伙的！"

一位女业主在微信群中为新系统辩护。她在地下车库没有固定车位，以前每天下班后要花半个多小时兜兜转转找车位。新系统实施后，她发现小区里的车辆明显减少，找停车位也容易了许多。她反问邻居："连业主自己的停车位都不够，难道不应该限制访客车辆吗？"这种辩论往往到最后都没有明确的胜负，因为每个人都倾向于让自己最受益的方案。

尽管在安装新系统前两个月，泽信就在小区楼栋和公共场所都张贴了通知催大家预交停车费，但有些业主还是直到被拦在小区门口才意识到这个系统的存在，于是就出现了本章开头的那一幕。

三

泽信和文武的合同是劳务派遣形式，这种形式在西方国家已经存在很长时间，在1980年代末被引入国内。劳务派遣形成了一种典型的三角雇佣关系，其中承包商（文武）雇佣的工人被派往客户公司（泽信）工作。通过外包保安和保洁等服务，物业管理公司可以摆脱对这些工人的法律义务和社会责任，以节省开支。同时，物业经理依然可以越过保安公司的管理层直接管理保安。即使是最低级别的泽信员工，也可以直接向保安下达命令。一些保安因为要执行两家公司的命令而疲惫不堪。

在保安办公室的一次聊天中，一名保安希望阿德帮助他解决这个困惑："我们不是与文武公司签订了合同吗？我认为我们是文武公司的员工，只需要听你的命令就好了。"阿德停顿了一会儿，回答道："但泽信是文武公司的客户，所以他们当然可以命令你们做事。"

劳务派遣形式决定了保安的尴尬处境：他们从文武领取工资；文武从泽信那里获取报酬；泽信则依靠业主缴纳的费用生存。因此，保安被期望能够满足文武、泽信和业主三方的需求。用保安的话说："他们都是老板。"

然而，当业主的利益与泽信发生冲突时，保安团队只会为泽信的利益行事。保安夹在泽信和业主之间，在日常工作中执行物业经理和业委会设计的规定，但泽信和部分业主之间的矛盾大大增加了保安工作的难度，一些维权人士将保安视为泽信的"爪牙"、业主的"敌人"。

遇到难缠的业主，保安会让车主去物业办公室寻求解决办法。例如，如果保安锁住违规停放的车辆，而车主拒绝付罚款和补齐停车费，保安通常会告诉他们："是物业要我们这样做的。你应该去找他们，对我们说没用。"这是保安唯一能够摆脱困境的方式。

有些愤怒的车主会跑到泽信办公室去和工作人员吵闹。那些物业职员也很头疼，常常批评保安没有积极解决问题，把麻烦推给他们。在一次会议上，经理们警告李明，如果保安继续这么做，他们就不和文武续约了。

李明离开泽信办公室后，步行一百多米，来到地下车库的保安办公室。他将刚才在甲方那里受到的挫折感转移给了保安，要求他们以后遇到此类问题要"积极解决"，不能往物业一推了之。

保安们都感到很委屈和无奈。阿德说："他们讨厌和那些不讲理的居民打交道，我们也是啊。但他们是做决定和下命令的人，我们只是保安，有什么资格去和居民争吵或者做决定呢？"

其他保安也表示赞同："我们自己怎么能积极解决呢？如果我们不打开轮胎锁，那些车主挪不了车，不会放过我们的。如果我们没有收到罚款就解锁，泽信到头来又怪我们。我们夹在中间该怎么办呢？"

"通过巧妙、文明的谈话!"李明说道,"我们提供的是服务,不是争吵。如果我们客客气气地讲道理,某些人还是无理取闹,那我们应该打电话给警察,而不是打给泽信。最新的治安法规定,任何扰乱公共秩序的人,例如堵住小区道路和大门的人,都可能被抓起来。"

然而,李明的建议在实践中对保安并没有什么帮助。保安在执行规定时遇到的最大困难是缺乏权威,因此说话得体、客气并不能增加他们的威信。很多时候,无论他们说什么和做什么,业主和居民都拒绝听从。此外,保安也会避免主动和警察打交道,一方面他们作为从事非正式工作的流动人口,本身对权力机关有畏怯心理,不认为警察会站在他们这边;另一方面他们也害怕报警会进一步激怒那些有资源和权力的人和当地人,日后遭到报复。无法向泽信寻求帮助,也不敢报警举报业主,这些保安在执行可能会冒犯业主及其访客的任务时只能消极处理,不妥协,不说话,默默承受对方的责骂、侮辱,甚至攻击。

当我陪同保安在一号门执勤时,车辆进进出出,很多都是豪车。一些年轻的保安喜欢观察和讨论这些豪车。有一次,我无意中听到两名保安争论特斯拉是不是比保时捷更贵(2017年特斯拉在市场上比较少见,只有售价高的型号)。当一辆劳斯莱斯进入大地小区时,小亮认出了这个品牌,告诉其他人这辆车有多么贵。他们许多人拿出手机拍下这辆车的照片。午饭时,他们还在讨论那辆劳斯莱斯的尺寸。

一名保安在访谈时告诉我:"来大地之前,我完全不懂这些牌子。我从没有听说过特斯拉。我和别人工作一段时间后,才了解这些牌子。"

为什么保安对豪车品牌感兴趣?如果我问他们这个问题,他们要么否认自己的兴趣,要么辩称自己只是出于好奇。但我后来发现,了解汽车品牌对于保安的生存来说是必需的。了解不同品牌的价格可以帮助他们在与这些车主打交道时更加谨慎,以辨别哪些人更得罪不起。

我和亲戚住在新落成的高端小区玉星时,也注意到保安对待不同车辆的态度有所不同。在2021年安装自动识别系统以前,我经常乘坐网约车回玉星小区。这些车大多是普通品牌,保安每次都会拦下车并询问司机住在哪个单元。如果得知是送客,会登记下车牌。然而有一天晚上,当一个顺风车司机开着一辆很新的宝马送我回玉星时,同样的保安在门口犹豫了一下,却没有拦下他的车,尽管当时已经很晚了。

保安这种选择性执行规则在封闭小区中普遍存在。有些犯罪分子甚至针对这种现象设计了一个新的犯罪手法。据2016年《燕赵晚报》报道,为了避人耳目,四名罪犯驾驶一辆香槟色宝马越野车进入高档小区,再利用开锁技术入室行窃。他们的作案地点涉及保定多个县市以及黑龙江省大庆市等地,共流窜作案三十余起,涉案金额达三十余万元。

根据广东省公安厅2019年发布的消息，二十三岁的男子郭某租了一辆宝马车，在深夜畅通无阻地进入高档小区，通过攀爬阳台的方式进入居民家盗窃，盗走了价值超过一百万元的现金和财物。他后来自己交代，他认为开豪车进入小区时保安物业一般不会有所怀疑。

有些人称保安为"看门狗"，以显示对这个职业的蔑视。与保安发生冲突的人有时会使用"狗眼看人低"或"狗仗人势"这些俗语来贬损保安的尊严。保安是否真的是一种"势利眼"的职业？我认为不是。保安区别对待不同社会阶层的人的情况确实存在，但他们的心态准确地反映了整个社会根深蒂固的刻板印象——社会阶层越低，危险程度就越高。由于保安在中国封闭小区中遇到的大多数犯罪行为都是财产犯罪，他们真诚地相信富人不太可能犯此类罪行。

前面说的广东那起案子，其实不光保安，就连警方一开始也被这种刻板印象误导。根据公布的信息，一开始侦查工作进展得并不顺利，因为从搜集的线索来看，并未发现有可疑人员和可疑车辆出入这两个小区。直到后来有位民警在办公室里咕哝了一句"开好车的就一定是好人吗……"才点醒了大家。

再者，保安这种区别对待也是一种自我保护。他们担心如果不小心冒犯了业主或业主的重要客人，会陷入麻烦。根据我的观察，保安在纠正那些看上去富有和有权势的人的行为，或要求那些人遵守秩序时，经常表现得十分紧张。他们必须对自己的言行举止小心谨慎，有时为了避免和这些人发生冲突，还会违背规定，放弃履行职责。

因此，从车辆、服装、外貌和举止判断一个人是否有权势和财富，对于保安来说不是获取益处的手段，而是一项不可或缺的生存技能。

四

2017年下半年，基于对物业和保安服务的不满，维权活动愈演愈烈，"维权分子"组织了多次抗议活动，要求终止与泽信的合同。泽信没有坐以待毙，而是采取不少措施来改善管理和服务，试图赢回"民心"，其中一个措施便是在2018年初成立一个新部门来管理东西区的保安服务。

新部门的日常职责就是监管文武和柯鑫的保安。该部门由一名经理、两名主管和四名领班组成。所有人都来自上海，并且是泽信公司的正式员工。新部门与文武和柯鑫的保安团队一起，形成了一个森严的等级结构，上海经理老姚在顶端，七十八名外地保安在底层。

子峰是领班之一，也就是位于新部门的底层，保安公司之上。他被安排在每天下午两点到晚上十点值班，主要任务是监督文武保安队晚上的工作。他已经五十多岁，但保持着良好的体形，看起来比实际年龄年轻许多。他喜欢每天晚饭后在地下

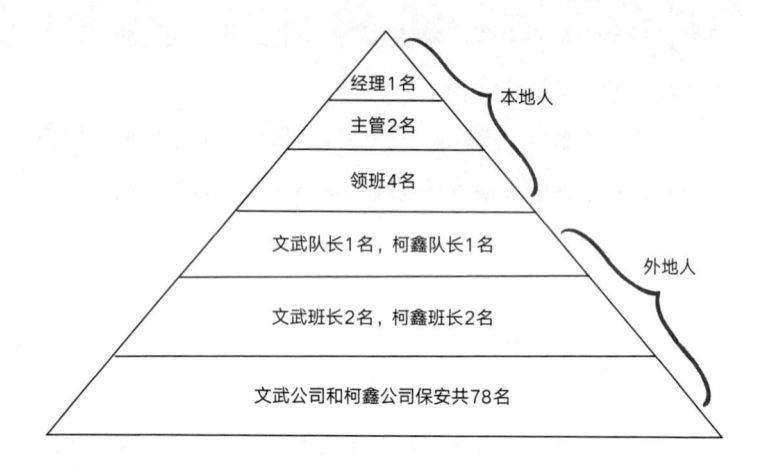

```
              经理1名      ┐
            主管2名        ├ 本地人
          领班4名          ┘
      文武队长1名，柯鑫队长1名    ┐
                               │
    文武班长2名，柯鑫班长2名      ├ 外地人
                               │
  文武公司和柯鑫公司保安共78名   ┘
```

车库的保安办公室里待着，在保安们面前吹嘘自己的经历。

在那些保安眼里，子峰是保安领班，相当于也是保安，只不过是上海保安。有天晚上，一名保安随口问子峰他的儿子是不是保安。没想到，这个问题冒犯了子峰，让他发起火来："我儿子要是敢去当保安，我就打死他！如果不是上海最最没用的男人，谁会去当保安？"子峰并没有掩饰他对这份职业的鄙视，似乎一点也不在意他的听众是否会尴尬。

他又进一步解释道："上海小孩宁可失业，也不会去当保安，上海年轻人去当保安，是一种耻辱。"他的话或许是真的。我尚未见过上海本地年轻人在小区当保安。

"如果他们不工作，是靠父母养活吗？"一名年轻的保安问道。

"不是。很多父母也没有工作，每天搓搓麻将。"

"那他们靠什么生活？"那些外地保安变得更好奇了。

"你们一定知道在上海生活最大的开销是什么吧？房租！他们是本地人，都有房子。如果他们有不止一套房子，就可以靠租金生活，或者把其中一套房子卖了，几百上千万够他们这辈子吃吃喝喝了。"子峰回答道。

这些保安都沉默了，他们知道子峰这次没有吹牛，他说的是真的。大城市中的衣、食、行都有廉价的选项，唯独"住"没有。他们许多人选择当保安，主要是因为这份工作提供免费住宿。有些人甚至到上海的第一天就找到这份工作，搬进了宿舍，庆幸自己省下了找工作期间的旅馆钱。

在大地，2017年一居室的月租金超过6500元，我当时租的一个群租房的主卧每月也要3600元。而根据高教管理数据供应商麦可思提供的数据，2016年中国一线城市大学毕业生的平均月薪为5437元。尽管这些毕业生大多从事白领工作，但在付完租金后，每个月能存下的钱可能比保安还少。

对于家在上海的年轻人来说，他们通常已经有免费的住处，就算不工作或者随便找点事做，生活也总能过得去，所以就更不愿意从事地位不高又辛苦的体力劳动了。在许多上海人眼中，小区保安这样的"低端"工作是留给外地人和本地没有能力的老年男性做的，如果他们的孩子去当小区保安，他们会感到颜面尽失。

在泽信物业与文武和柯鑫签订协议之前,子峰就是泽信保安部门的领班(相当于文武的班长),职位仅高于那些上海本地保安。在有了文武的保安团队后,虽然他的职位依然是领班,但级别自动上升了,因为还有文武的队长和班长居于他之下。其他人在闲聊时告诉我,子峰一直是老姚和两个主管的嘲弄对象。有一天,老姚不知何故嘲笑子峰,称他是"只会巴结女人的傻子"。子峰的脸色表示他明显被这句话激怒了,但他没有发作,甚至没有反驳。

然而在保安办公室时,子峰看起来活跃、健谈、自大,像是另一个人。他似乎很享受成为关注的焦点,让这群外地保安默默吸着烟听他说话。有一天,当我走进保安办公室时,子峰正在讲述他三十多岁时的恋爱经历:如何与一位漂亮的已婚女性保持长期关系,并让她在他身上花了不少钱。一些保安表示羡慕,这正是子峰所期望的。子峰还提议我在其他保安面前采访他,于是我这样做了。

子峰于 1960 年代出生在一个受过良好教育的上海家庭,父母都是大学生,这在那个年代非常罕见。因为他是家里最小的孩子,母亲非常宠他。他在读书时一直是一个糟糕的学生。初中时,他卖掉所有的课本换钱买烟。他经常在街上打架,甚至从建筑工地上偷钢材卖钱。可想而知,他最后没能从高中毕业。

"我父母对我很失望,因为我哥哥姐姐都是国家干部,但我连高中也没读完,"他说。他从事过很多工作。1980 年代末,他创办了一家生产木地板的工厂。他偷了一辆卡车并进行改装，用于运输自己的产品。工厂破产后，他去了广东走私香烟。

他承认："如果我家没有关系，我早就进去很多次了。"他的话听起来有些自豪，因为他的家庭确实有关系，而他的听众们没有。

2002年，在子峰将近四十岁时，大地的一期落成，一个表亲问他是否有兴趣去大地的物业公司上班。从那时起，子峰一直在泽信工作，先后担任了几个低级职位。

在大地的保安服务组织结构中，顶部的七名正式员工都来自上海，而他们下面的八十二名非正式员工都来自其他省份。地区之间的等级差异不言而喻。即使子峰的过去并不光彩，但社会环境对他的信任仍多过外地保安。像子峰这样的本地人，他们的优越感并非来自职位、教育水平或能力，而是来自与出生地息息相关的房产、户口本和"关系"。

小区保安在社会经济上属于被恐惧阶层，即处于流动人口和非正式就业人员的交集，这也是封闭小区的高墙和大门想要隔绝的人群。然而为了协助物业和业主打理小区，一部分人被邀请进入小区，换上制服，成了保安。他们的地位处于小区人口的最底层，但日常工作却需要对居民执行规章制度，如指挥停车、制止噪音等。在部分业主眼中，自己是小区的"主人"，保安只是"仆人"，自然对这样的命令不当回事，甚至流露出对抗情绪。特别当小区物业和部分业主存在矛盾时，站在最"前线"和业主当面接触的保安,也首当其冲成了业主的出气包。

在这个男性主导的行业中,位于权力底层和无处不在的歧视会如何影响保安的男性气概?

这个问题需要放到中国父权社会的背景下探讨。在父权社会中,男性通常在政治领导、道德权威、社会特权和财产控制等角色中占据主导地位。尽管在中国城市中教育和就业已经极大地赋予女性权力,但在许多家庭和工作场所中男性仍然具有更多的权力,特别是在农村和欠发达地区。中国传统文化通常认为男性比女性更看重尊严、荣誉和面子,而男性的"尊严"往往与社会地位、权力和财富密切相关。例如,一些地区依然有习俗,男性在结婚时负责提供彩礼和住房,如果不能做到这一点,他们和他们的家庭会被认为丢面子。

大地小区四十五岁以上的保安大多来自北方农村,那里的传统观念很强,父权制依然在社会关系中占主导地位。这些保安作为男性家长,自然有较高的地位,常常受到其他家庭成员的尊敬。然而当他们来到城市中寻找服务业的工作时,与女性相比,反而可能处于劣势。从餐厅服务员到按摩店的技师,从家政工、保姆到保洁,都更欢迎女性。

保安是服务业中很少见地更欢迎男性的工作之一。虽然在小区和商业场所中也有女保安,但放眼整个行业,其数量和比例几乎可以忽略不计。作为来自外地的非正式工人,这些保安不仅位于城市空间的社会阶梯的底层,在封闭小区内部的权力结构中也处于底层。任何居民或者泽信的物业员工,或者居委会的人,都可以命令他们。

不同于在建筑工地或工厂的岗位,保安需要经常与人互动,大多数情况下是与城市居民互动。然而根据我的观察,一些业主对他们表现得不那么友好和尊重。如果他们要执行的命令与业主的利益发生冲突,也可能受到歧视性的攻击和侮辱。

当我问保安们最不喜欢这份工作的哪个部分时,大多数人都提到了"与业主交流"。如果可以选择,他们宁愿多干体力活也不愿意和业主打交道。小亮刚到上海时在一家夜店里当公关,后来才成为保安。当我让他比较公关和保安工作的异同时,他告诉我两份工作中最难的部分都是和顾客沟通。夜店里的许多客户表现得粗鲁傲慢,小区里的一些业主也好不到哪儿去。

"你很难去跟一个看不起你的人理论,"他说。

"保安是不是一个危险的职业?"这是访谈中的一个例行问题,我也问了他。

他笑道:"是,确实是,但危险不是来自罪犯,而是来自业主。"随后他又说起建宏被业主儿子摔伤的例子。旁边的保安附和道:"这里没有危险的罪犯,只有危险的业主。"

保安与城市居民在财富、社会地位和"关系"上的差距,加上户籍制度,加强了保安的自卑感。他们在老家作为一家之主自动被父权社会赋予的"男性气概"和"男性尊严",在城市对保安的歧视氛围中必然会折损。一些人为了从压抑的情绪中抽离出来，选择让这个职业和自我身份或者自我定义脱钩，常常在心底认为自己本质上还是一个农民，只不过暂时在都市空间中扮演"保安"的角色而已。

第五章
临界空间

一

我第一次在大地的地下停车库观看夜班保安在傍晚的集训时，立刻注意到了小兵。他是身材最瘦小的一个，一米五出头，制服的裤管和袖子在他身上都长出一截，使他看起来像一个未成年人，但实际上他已经三十岁了。我和他在宿舍交谈时，注意到他的双手总是止不住剧烈地颤抖，如果他端着满满一杯水走过房间，水只会剩下半杯。

小兵性格开朗健谈，乐于讲述自己的经历，但他的普通话带有浓重的口音，我常常无法理解，因此当我们交谈时，旁边的保安会七嘴八舌地帮忙翻译，只是有些句子他们也听不太明白。

在磕磕绊绊的交流中，我大体了解了小兵的经历。他来自安徽省阜阳市一个贫困的村子。他母亲生了六个孩子，和他父亲离婚后，带走了小兵和另外两个孩子。母亲改嫁到另一个村，但新家庭依然在贫困线上挣扎，常常连吃饱都成问题，小兵从小就深刻体会到物资的匮乏。他小学毕业后就没有再读书，而是在老家学了修自行车的手艺。

2008年他到上海谋生，在街边摆了一个修理自行车的小摊。开始生意很不错，够他在上海维持生计，但一年多后，他注意到自己的双手经常无缘无故地颤抖，而且越来越频繁。病情发展十分迅速，没过多久，他再也无法胜任任何手工活，包括给人修车。

他曾回到老家县城看病，但那里的医生没办法治好他的病，建议他到医疗资源更发达的大城市寻求治疗，于是他又回到了上海。但上海大医院的医生也无法得出确切的诊断，有的医生认为他患有帕金森病或脑萎缩症，但这两种疾病其实都很少发生在年轻人身上。还有一位医生认为，他年幼时被村医误诊为甲状腺亢进症，现在的病症是当年错误的治疗、基因缺陷和营养不良共同导致的。

在2010年至2016年，只要挣了钱，小兵就会去看医生、买药，其间没有攒下任何积蓄，但病情却越来越严重。2016年他找到了大地东区保安的工作。

我在2017年遇到小兵时，他告诉我他很喜欢当保安，也喜欢过这种四十个陌生人同吃同住的集体生活，而这种没有隐私、过度拥挤的生活,恰恰是其他保安感到最难受的地方。从小缺乏关爱的小兵似乎把保安队当成了一个温馨的大家庭,尤其当随和的阿德当了队长后,他更是每天春风满面。

我问小兵以后有什么打算。他回答,他最大的愿望是好好当保安,多存些钱,继续去看医生,治好自己的病。

可惜,令小兵满意的好日子没有持续很久。2018 年初,值夜班的小兵在白天休息时上街采购生活用品,不知怎么遗失了钱包,里面有现金、银行卡和身份证。从 2017 年 7 月 1 日起,上海允许外省来沪人员在居住地派出所补办证件,小兵便先去附近的派出所补办身份证,以便补办银行卡。

民警在电脑系统中查看小兵的身份信息时发现,他此前因为盗窃电瓶车在上海不同的区被逮捕过九次,被行政拘留过五次。民警照惯例要求登记他目前的住址,小兵没有撒谎,告诉他们自己住在大地小区的保安宿舍,这也意味着告诉民警他是一名保安。

小兵或许想表明他已经改过自新,有了一份稳定的工作。但他一离开派出所,民警立刻打电话给大地的物业办公室,告知小兵的违法犯罪记录。这位民警的做法符合规定——按照《保安服务管理条例》,被行政拘留三次以上的人是不允许从事保安工作的。

泽信物业的经理挂断电话后勃然大怒,立刻打给文武公司的领导,发了一通脾气,责怪他们没有按照规定对每个保安进行背景审查，竟然把一个有盗窃前科的人招进小区。要知道，大地保安的日常工作中最重要的一项就是防止电瓶车失窃，而"有个保安是盗窃电瓶车惯犯"的消息若传到业主耳朵里，将是物业公司和保安公司极大的丑闻，可能给本就暗潮涌动的业主维权活动提供"弹药"。

阿德在2017年末才被调到大地当保安队长，因此把小兵招进来不是他的过错，但他不得不遵照上级的要求，当天就解雇了小兵。小兵被解雇时十分沮丧，一再向阿德道歉，希望能留下来。阿德告诉他："你对我说对不起没用，这不是我能决定的。"在小兵离开大地前，阿德借给他300块钱，让他购买回老家的火车票。

这次事件也让一些保安在背后质疑小兵多次讲述的修车铺故事是否真实——他究竟是发病后失去收入来源才开始行窃，还是修车铺一开始就不存在，他当保安以前一直在上海以行窃为生？没人知道答案。保安们虽然常年在一起工作、生活，但对彼此的经历都一无所知。然而有一点可以肯定：小兵在大地当保安的这两年里循规蹈矩，没有被发现有违纪违法的行为。

出人意料的是，本应回老家的小兵，一个月后又出现在大地的保安办公室，依然如过去那般傻乐着。这次他把300元还给阿德，又提出一个请求：希望阿德能推荐他去文武管理的其他小区当保安。

"这怎么可能？"阿德一口拒绝了他的请求，"如果我已经知道了你的记录还向同事推荐你,那岂不是在害我的同事?"在大地的保安宿舍蹭住了两天后,小兵失望地离开了。

大约一周后,我在微信上询问其去向,他没有打字,而是立刻回拨了一个语音电话过来。

"我现在人在北京啦!在上海找不到保安工作,但我在北京找到了!"他的声音听上去十分兴奋。他告诉我,新工作的工资比他在大地的工资少800元(3400元),但好处是除了提供住宿还提供免费的三餐。

本以为不会再有小兵的消息了,没想到大约四个月后,我从其他保安那里得知,小兵不知为何再次回到了上海,并且在另一个小区找到了保安工作。

《保安服务管理条例》规定,保安需要符合"身体健康"、"具有初中以上学历"以及"没有被三次以上行政拘留"三个基本条件,小兵全都不满足,理论上不能从事保安工作,但令人惊讶的是,他总是能够找到途径回到这个行业。

二

在2017年秋天的一个傍晚,我在大地遇到了一对晚饭后散步的业主夫妇。他们认出我在泽信的办公室上班,向我抱怨泽信是如何辜负他们,搞砸了许多事情。当我问起他们对目前保安团队的看法时,那位女士说道:"现在搞得都找些外地人,让人很不放心，你不知道他们是谁，以前做过什么。"

她的话似乎传达了居民中存在的一种忧虑：保安团队中可能隐藏着一些"坏人"，而保安工作为他们接近受害者提供了完美的机会。

"把那些有问题的人招进小区当保安，就和请狼看羊群没什么两样，"这位女业主对我说。她的丈夫站在旁边点头附和道："有很多保安闯祸的新闻，你找来看看。"

确实有一些新闻报道证实了保安队伍中藏有危险人物。

1999年夏天，梁某在街头杀害一名老乡后逃离了江西省。十九年后，警方发现梁某盗用他人的身份证，在浙江省的一个高档小区当保安。

2018年，西安一名五十五岁的小区保安因停车费问题与业主扭打起来。警方将他带到警局，并按照常规程序采集了他的DNA样本，没想到有了意外的收获：这名保安的DNA与七年前一起谋杀案现场留下的DNA匹配。该保安到案后供述，他当年是受害家庭的租客，有天为抢钱购买毒品而杀害了房东二十一岁的女儿。作案后他东躲西藏，并混入居民小区当保安。

2020年，银川某小区门口，一名五十多岁的保安上班第一天就猥亵了一个独自等待家长的八岁女孩。警方将其带到派出所后发现他有前科。该保安是保安公司当天招聘来的，只接受了半天的培训（了解规章制度并熟悉小区）便作为十四名保安之一被派遣到该小区上班,作案时他刚到新岗位一个小时。这意味着这名保安对于小区居民和雇主等同于陌生人。案发后保安队长被保安公司开除,他向记者承认,招聘时没有要求应聘者提供"无犯罪记录证明",而物业公司更是压根不知道当天值班的保安中多了一个新人。

2010年10月,三十五岁的朱某俊经人介绍到南京某小区当保安。他过去曾因犯抢劫罪被判处无期徒刑,2009年刚假释出狱,应聘当月又涉嫌犯下交通肇事罪,正处于取保候审期间。然而招聘他的物业办公室对他的背景没有进行任何审查,对这些一无所知。

朱某俊两个月后主动离职,但没过几天,他又悄悄潜回小区。那天晚上,他尾随一名独自回家的女业主,将她挟持到地下车库后强奸了她,抢走了她的财物,然后将她杀害。因为十分熟悉小区,他将尸体藏在地下车库的通风管道中,致使被害人被报失踪多日后才被发现。

根据《金陵晚报》的报道,朱某俊在法庭上称,因为他出狱后背负案底,一查就能查到,所以没有一家单位要他,兜了一圈后才找到保安的工作,但又因为保安工资只有千把块钱,难以糊口,这才想到抢劫。尽管他这番说辞是在对自己的犯罪动机进行狡辩,却从侧面印证了一点:本应进行严格背景审查的小区保安一职,在这方面反而十分宽松。

其实不仅是业主,政府也希望能对保安人员的身份保持知情。2010年落实的《保安服务管理条例》规定，保安必须在开始工作前获得保安员证。获得该证的条件是，他们必须具有初中以上学历，参加市级公安局的考试，通过背景审查，并将人体生物信息（如指纹）留存在系统中。

据李明说，如果公安局在抽查中发现某名保安没有持证，就会对文武公司处以数万元的罚款。自然，文武公司也希望有更多保安可以持有保安员证，为了鼓励保安们去申请，他们甚至想方设法帮助这些文化程度不高的保安通过笔试。理论上来说，拿到保安证对保安们来说也不是坏事，然而据我所知，大地小区只有不到一半的保安持证。

我曾问过他们为什么对申请保安员证兴趣不大，他们的答案都差不多——这证对他们没用，申请起来也很麻烦。首先，正如我此前提到的，这个行业有很多工作机会，他们随时可以换工作，没有保安证也不太会受限；其次，许多人并没有打算在这个行业久留，因此缺乏动力去申请；再者，许多保安没有初中文凭，不符合申请条件。

最后，有些人不愿意申请的原因可能无法说出口：不想被审查，也不想在政府的系统中留下生物信息。一些人可能有过违法犯罪记录，想避免和官方打交道。根据《条例》，曾被收容教育、强制隔离戒毒、劳动教养或者三次以上行政拘留的，曾被刑事处罚的，被吊销保安员证未满三年的，曾两次被吊销保安员证的，审查都无法通过。

还有一些人正在躲债，他们害怕登记工作信息后更容易被债权人找到。保安方志告诉我，他老家的高利贷主能够通过当地派出所查到他的所有信息，所以他终日担惊受怕，甚至担心接受我的访谈也会让他暴露行踪。

以上种种原因使大部分保安不太配合申请保安证。最终，文武公司放弃了对保安申请证件的硬性要求，并对保安的违法犯罪背景采取"你不说，我不问"的潜规则。

事实上，大地保安的招聘过程也有些随意：除了通过老乡和中介介绍外，很多保安是直接来到现场应聘。有两名大地保安对我讲述他们的经历：他们刚下火车，步行经过火车站附近这个规模庞大的小区，看到门口站着保安，便想碰碰运气，走上前询问是否还在招人。在和保安队长简单交谈后，他们当场就被录用，当天就可以住进宿舍并上岗。

由于文武公司里很多保安没有证照，我问李明，文武公司是否因此被罚过款。李明笑着回答："你还不了解这个社会吗？一切都靠关系。如果你没有关系，首先根本就不可能创办一个保安公司。关系也可以让大事化小、小事化了。"

当地派出所清楚大地的许多保安没有申请过保安证，也没有在系统中登记过，所以民警每年会来大地收集所有保安的指纹。理论上每一名当班的保安都必须配合，但也有一些保安事先从队长那里得到了通知，就通过请假等方式逃避录指纹。

文武让保安在入职时签一份"员工告知书"，要求所有保安在入职"15个工作日内需提供无犯罪证明及健康证",但即便有人提供虚假证件和不提供证明也不会被开除,仅仅是"造成的一切后果由其本人承担法律责任"。

小兵的经历和上述新闻证实了对保安的背景审查形同虚设。为什么会有这种现象?最重要的原因是招工难。招工难的原因有许多:小区保安工作的工资低,社会地位低,几乎没有社会福利和发展前景,而市场需求量又巨大。招不到人,那些保安公司只能一再放低门槛。这种低门槛不仅表现在放弃背景审查上,也表现在对年龄、(初中)学历以及健康状况的要求上。背景审查并不严格,又无明确的专业技能要求,保安工作可以说是男性入职门槛最低的职业之一。

业主们对外地保安的担忧,显露出他们因对保安个人的背景和经历一无所知而产生的焦虑:他们是谁?他们来自哪里?他们以前做过什么?我们怎么能够相信这些陌生人可以保护我们?

如果小兵没有丢失钱包,他可能还在大地工作。尽管这起丑闻被保安公司和物业掩盖了,但大地的业主们本能地不信任市场导向的保安录用和培训机制,也不信任行业监管能落到实处。

三

社会对理想保安形象的期望是:既具有"武力值",举止像士兵，又能细心、尽职、服从、礼貌、守纪律，但一名保安很难同时具备这些特质。留在这个行业中的保安主要有两类：第一类是本地保安，大多来自本地社区，由物业直接雇佣，年龄超过五十甚至六十岁，目前仍然存在于一些老旧的小区中。为了弥补年龄和体能以及纪律方面的劣势，业主期待他们展示出人性化的面孔——体贴、关心、亲近。

第二类是像文武保安那样的外地非正式工人。物业公司和保安公司在招聘时设置了年龄、身高的要求。虽然业主们都希望自己的小区里有年轻高大的保安，但一些人也会觉得生活在未被规训的强壮保安中间不安全，因此更希望他们展现出服从和纪律性。

2014年，泽信和文武就东区的保安服务签订了协议，2017年，泽信又和柯鑫签订了西区保安服务的协议。自那以后，在大地第二类保安完全取代了第一类保安。

当我与业主交谈时，发现他们对这两种保安的看法截然不同。王林林是一名老家在江苏的新上海人，三十多岁，从事程序员工作。他不喜欢之前的保安队伍，觉得他们没有纪律，懈怠且傲慢。他对我说："现在的这些保安也不能说做得多好，但我可以肯定，他们比以前的那些还是好多了。你不会相信的，在那些本地保安被换掉之前，我经过大门经常能闻到很重的白酒味。他们竟然是喝醉了来上班的！"

像王林林这样的业主更喜欢来保安公司的保安，原因有下面几个。第一，这些保安更加顺从，有礼貌，谦虚，守纪律。他们受到行为准则以及奖惩机制的严格约束，例如不允许在值班期间吸烟、玩手机。第二，本地保安的工作负担非常轻。一名业主抱怨说："他们来上班就像来度假，偶尔散个步。"相比之下，那些外地保安要为物业和业主做各种各样的体力活和杂务，使他们成为管理小区空间必不可少的帮手。

第三，外地保安来自完全不同的社会背景，所以他们大多远离业主的社交圈子，对业主的私事没有太多兴趣，不会像过去一些本地保安那样喜欢窥探、议论甚至干涉业主的私事。他们的"疏离"可能会被一些老年业主视为"不负责任"，但在注重隐私和独立的年轻居民看来，这是"专业性"的体现。

第四，保安公司派遣的保安年龄相对较小，之前物业雇用的本地保安几乎都在五十岁以上。

最后，新保安讲普通话。过去那些本地保安虽然会讲普通话，但不少人习惯于在日常工作中讲上海方言，或许是用这种方式来表达优越感，弥补职业地位带来的心理弱势，但小区里的许多外地居民因为听不懂上海话而感到不便。

尽管有以上优势，许多上海业主，尤其是那些年长的居民，还是对新的保安团队非常不满，认为泽信只是为了节约成本才使用这些廉价的外地劳动力。这些业主对本地保安团队的偏好可以从他们的生活经历中找到解释。他们一般年龄较大，曾经生活在计划经济时代，那些本地保安更像是那个年代的门卫，与居民来自同一社区，讲着相同的方言，属于同一个社交圈子。这种文化上的熟悉感可以为业主提供安全感。

此外，本地保安通常与业主具有相似的社会经济背景，对熟识的业主格外热心，因此他们对治安情况的查看类似于邻里互助。总之，一些年长的上海业主之所以信任本地保安，是因为他们共享相同的文化、社会关系和经济地位。在他们看来，本地保安更像是社区成员而不仅仅是服务人员，因此更值得信赖。

一位六十多岁的业主告诉我，他过去经常在大门口与保安一起抽烟聊天。由于他们像朋友一样，他相信这些保安会特别关照他家的财产和家人的安全。他的话反映了计划经济时代的一种思维方式，即在大家获取品质相似的商品和服务时，只有"关系"可以让你得到格外的优待。相反，在市场经济中成长起来的年轻居民更喜欢由专业人士提供的、没有个人情感或"关系"的有偿服务，这反映了市场经济的意识形态，即通过付费和竞价来获得更好、更专业的服务。

但我也在这两种截然不同的态度中注意到一点：即便有些业主对本地保安不满，也主要集中于批评保安的责任心和能力；当他们表达对外地保安的不满时，还会流露出对这些保安品行的不信任，以及对自己人身和财产安全的担忧。

那么，保安公司派遣的保安里面，是否真的有人涉及违法行为呢？

四

2017年秋天的一天，我在泽信的办公室上班时，一位中年女士进来，面色很不快。她想找物业经理谈话，但经理正在开会。我问她有什么事情，她站在办公室中间大声回答："我的电瓶车又被偷了！"

泽信员工给了她一个常规的回复："报警吧。"

这位女士的上一辆电瓶车是一年前被偷的，当时也报过案，经验告诉她，这样的案子不可能被派出所认真对待。警察例行公事，记录下报案信息后，再没有给过回音。其实小区内的大部分电瓶车失窃最终都不了了之，失主只能自认倒霉。

这一次，这位女士执意要求泽信赔偿，她提出的理由是：这些失窃案都是保安内部做的。泽信员工嘲笑她的指控毫无根据，并明确表示物业不可能赔偿。

这名女业主称，她曾在某个午夜时分，亲眼看见三个男子将电瓶车抬上一辆卡车，并用一块三夹板盖住。这时，一名男业主刚好在泽信办公室办事，听闻后立刻说他的邻居也看到过类似的情景，有些人在深夜将电瓶车搬到一辆白色货车上。

这名男业主的加入让女业主更有底气了。她问道："你们听到了没？如果这些小偷没有和保安串通一气，他们怎么会胆子那么大？为什么门口的保安没有拦住这些可疑的货车？"

"这绝对不可能！如果你真的看到了这些可疑活动，你当时为什么不向保安报告呢?"泽信的员工反问道。

"我上哪儿报告去?大半夜的我在哪儿都看不到保安的影子。他们一定是躲到哪个暖和的地方偷偷睡觉去了。"女业主回答。

自从本地保安被外地保安取代后,一些业主便怀疑有些外地保安是盗贼同伙。但实际上,自2014年接手以来,夜班保安曾几次在小偷行窃过程中或企图带着电瓶车出大门时抓获他们。

2018年4月某天的凌晨一点,保安常顺在夜间巡逻时发现一男一女正在撬电瓶车的锁。他立即用对讲机通知其他队员,他们突击了正在作案的小偷。男子逃走了,女子被抓住了。此外,夜班守门的保安(通常两三人一组)会拦住那些推着电瓶车的可疑者,要求他们启动车子,以检查他们是否有钥匙。在这种情况下,小偷多半会丢下电瓶车逃出小区,曾经有一人在跑出不远后被保安追上。尽管如此,依然会有一些居民指责保安没有履行职责,甚至怀疑盗窃案是内外勾结。

根据我的观察,夜班保安在值班时疏忽大意或者偷懒睡觉的情况很普遍,但对他们串通外人盗窃业主财物的指控始终缺乏依据。

当几辆停在地下车库的汽车被人洗劫后,一个说法便在大地流传开来:是泽信的夜班保安偷了车里的贵重物品。追根溯源,这个说法来自两个居民的见闻。他们回忆,曾在凌晨时分看到一个穿着保安制服的人打着手电筒向车内探照、张望。他们以为这是夜间巡逻的保安,当时没有多想,直到后来听说了这些盗窃案,才把两件事联系起来。这个说法在小区传得沸沸扬扬,增加了居民对保安的不满和害怕。

为了澄清保安队的声誉,阿德查看了几个地下车库入口处的监控录像,确实发现了一名夜间进入车库的男子,该男子穿着类似于大地保安制服的衣服。

"但小偷不是我们的人。这制服看着有点像,但仔细看不完全一样。你可以在淘宝上找到很多类似款式的制服。"阿德说道。但是一些业主仍然不信"小偷假冒保安"的解释。

两个年轻女居民曾向物业举报,她们深夜回家时看到两名保安在破坏汽车的车牌。这个行为属于故意毁坏他人财物,需要接受治安处罚。

"这不是真的吧?"我向阿德求证,"保安没理由这么做啊。"

"呃,"阿德犹豫了几秒钟后,悄声道,"是真的,但是是物业让我们这样做的。"

大地小区里有许多"僵尸车"已经停放了几个月甚至几年,车主一直没有支付停车费,物业也联系不上他们,有些车辆甚至已经生锈。如果物业叫拖车公司来拖走,拖车司机看到车上有车牌,就认为需要走完复杂烦琐的流程才行。因此,泽信命令保安偷偷破坏这些车辆的车牌,以便拖车公司当作无牌车辆直接拖走。

"我们只对那些僵尸车这么做,而且为了不让居民看见,我们通常趁着大半夜做,比如凌晨两三点。"阿德说。但显然,他们的行为还是被晚归的居民看到了。

有些指控可能来自误解。有天我在保安办公室聊天时,一个十岁左右的男孩和他的朋友一起走进办公室。男孩穿着校服,彬彬有礼,还有点害羞。他告诉阿德,他的自行车在上周不见了,而今天早上他的朋友看到一名保安骑着他的自行车。另一个男孩为他作证。

"他穿的是什么样的制服?"阿德指着办公室里的一名保安问,"跟他穿的一模一样吗?"

"我知道他就是你们的保安,"男孩的朋友回答,"因为我一路跟着他,发现他在三号门值班。"

阿德让男孩留下单元号码,并承诺在调查后会给他答复。

第二天,阿德告诉我这是怎么回事。男孩没有将自行车停放在地面上有黄色标记的指定位置,而根据泽信之前的规定,任何没有停在车库或指定区域的自行车都会被视为无人认领,并可能被小区保洁挪到垃圾箱。那天男孩的自行车就被保洁挪到了垃圾箱附近。一些保安偶尔会在垃圾箱里拣有用的东西。那名保安看到这辆漂亮的自行车,便骑了回来。阿德陪同那名保安去男孩家道歉,并归还了自行车。

在全国庞大的小区保安群体中,或许藏着少量不法分子,或许也有内外勾结、监守自盗的情况发生,但在我做田野调查期间，没有在保安团队内部发现在职保安从事危害居民人身和财产安全的违法犯罪活动。上述许多情况是在居民不信任的心理状态下发生的误会。同时，保安们遵照文武或泽信的命令，执行有争议或不合法的任务，如破坏车牌，也损害了整个团队甚至整个职业群体的声誉，并会加深一些业主的刻板印象：外地保安素质低，做事乱来，不可靠。

此外，回顾中国古代守卫、保镖的历史，我们可以发现，镖师与罪犯之间总是保持着一种合作共赢的关系，士兵和土匪之间的界限也总是模糊不清，朝廷常常会对土匪进行大赦和招安，而叛变的士兵有时也会变成在野外打劫的土匪。例如在民国时期，上海黑社会"青帮"的头目黄金荣同时也是华人警察中职位最高的督察长。当居民指责保安与罪犯勾结，窃取和破坏他们的财产时，这种不信任或许也存在于罪犯和守卫的辩证关系中。

我收集过许多关于中国保安和保安行业的媒体报道，除负面报道外也有很多正面的报道。例如，大地的保安黄佳国因多次捡到并归还业主丢失的贵重物品收到过三面锦旗，曾被多家上海媒体报道。再如，2015年，深圳的一栋住宅楼起火，一名已经下班的外地保安带着灭火器回来救火，将防烟面罩给了两名被困在卫生间里的业主，拯救了他们的生命，自己却在火灾中丧生。

尽管媒体对保安的正面报道和负面报道都有，但从传播学上来说，负面内容往往更容易被记住和传播，特别是与受众自身利益密切相关的负面内容。它们强化了业主心中保安的负面印象，迎合了中产之间流行的恐惧表达。

五

恐惧必然指向危险的人，而无论社会话题如何变迁，在社会中被视作危险的人往往是他者、外来者、非成员和陌生人。改革开放后，中产阶层谈论治安隐患以及执法部门谈论社会的不安定因素时，往往将矛头指向那些非正式就业的流动人口，把他们视作城市空间中的犯罪高风险群体。户籍制度以及其他政策使"被恐惧阶层"不能享有许多城市资源，这导致他们与都市之间始终保持着一种不稳定的边缘化关系。

城市中产阶层害怕"被恐惧阶层"，是因为他们知道这些外地"农民工"来自更贫穷的地区、更低的社会经济阶层，且在城市中从事非正式工作，没有社会保障。基于此，中产阶层市民也产生了忧虑：这些人会不会在生活陷入困顿后铤而走险？看到自己和城市中产的物质落差后，这些人会不会因为抵制不住诱惑而更容易违法犯罪？

当今封闭小区的围墙和大门也是为了隔离这个群体而存在。这些低收入流动人口是如何与中高档封闭小区空间发生交集的？一般有两种：一、以群租房租客的身份进入小区；二、以服务从业人员的身份进入围墙内，譬如外卖员、快递员、维修工、家政工、小摊贩、性工作者、保洁和保安。

保安与其他服务者不同的一点在于，他们是业主为了缓解安全焦虑而邀请进入封闭空间的。然而，即便这些流动人口因为这份工作而拿到了封闭小区的入场券，他们在社会经济地位上仍然不具备"进入"小区的资格。

保安每天早晨穿上制服开始当日的工作时，就暂时进入了一种"临界性"。维克多·特纳借鉴范·根纳普的"过渡仪式"概念，进一步发展并阐述了这种仪式的中间阶段，提出"临界性"这一概念①。在这个阶段中，人们已经离开了之前的状态，但还没有向新状态过渡。

我认为，"临界性"也可以指一个特殊的时刻——无论最后是否会成功过渡，在这个时刻，身份的常态结构被打破，常规的社会秩序被暂停。当这些"农民工"穿上保安制服时，为了维护共同的利益，业主们全都默认接受了一套临界的社会秩序。在这个秩序中，业主允许"农民工"扮演"保安"角色，并赋予他们职权，在小区内执行规则。

然而，当这些外地保安完成长达十二个小时的值班并脱下

---

① liminality 经常被译为"阈限性"。为了更直白地表达它的含义，我采用"临界性"的译法。Victor Turner, "Liminal to Liminoid in Play, Flow, and Ritual: An essay in comparative symbology," *Rice University Studies* 60, no.3(1974):53-92. Arnold Van Gennep, *The Rites of Passage* (New York: Routledge, 2010).

制服后,他们便又回到了原本的身份,即业主们希望能用围墙隔绝的群体中的一员。尽管保安的每一天都被一分为二,但他们在下班后的那一半才被视作他们的常态,而他们值班时所处的只是一种临界状态。换言之,即便他们的工作职责和借来的权威暂时定义了他们工作时的身份,即便是业主自身的恐惧邀请他们进入小区,他们在城市空间中所处的社会经济地位决定了他们身上不变的"他者"属性。

保安们在社会经济地位上与居民的距离远,在空间上与居民接近,两者的结合更强化了业主的焦虑和恐惧。住宅作为人们睡觉、吃饭和放松的居所,被认为是抵御外界威胁和危险的最后一道防线。一位女业主表达对外地保安的不满时说:"想想,那些保安知道我们所有的事:他们知道我家有几口人,我们孩子什么时候单独在家,我什么时候上班,什么时候出去度假。如果其中有一个是罪犯怎么办?这太可怕了,因为我们对他们一点都不了解。"

这段话表明了她因为与匿名的被恐惧人群在空间上无比接近而感到不安。业主们对小区保安的复杂情感——依赖、不信任、鄙视和恐惧,实际上反映了业主的矛盾心理:潜意识里仍然将保安们视作"社会经济的他者",即可能构成危险的群体,而意识中又寄希望于保安能阻挡和化解危险。由于不确定保安是否会在临界阶段的"角色扮演"中利用业主的脆弱性,以及社会和道德秩序能否恢复到临界前的状态,业主们本能地承受着临界性所带来的不安全感和焦虑情绪。

玛丽·道格拉斯曾于1966年在《洁净与危险》一书中指出，一个人会不会被视作"危险"，与其相对于社区和社会边界的位置有关。她认为，任何僭越了系统内部的界线或逗留于界线边缘的人，都会被系统视为危险。因为群租是不被允许的，所以群租客被认为僭越了封闭小区的界线；而保安则是在界线边缘逗留的人，穿上制服、执行任务的他们并未完成过渡，而只是暂时进入了社会秩序被中断的"临界"状态。正是这种社会经济空间的僭越或边缘位置，使得保安和群租房客一样，成为管理者以及业主们眼中潜在的"危险"。

福柯在《规训与惩罚》中提出，人们的身体是缠绕在权力和支配的关系中的。被恐惧阶层是结构性权力和日常权力规训的目标。虽然这个类别也包括女性，但男性通常被认为更可能参与犯罪，城市居民也对他们更加警惕。保安行业对这些男性的日常行动甚至下班后的生活都采取严格约束，包括规范保安行为、态度和语言的一系列准则。这些规则比加在本地保安身上的规则更加严格，旨在将外来民工打造得外在阳刚而内在顺从忠诚，为墙内的中产阶层建立安全感。

正如我们在第三章中讨论的那样，大地保安必须签订包含多项协议的合同。其中一项协议规定，在工作场所和宿舍内均不允许吸烟、打电话、聊天或小睡，也不允许放置危险工具、饮酒或打架。违反规定者将被罚款或解雇。规训技巧将这些来自农村、桀骜的男性身体转化为温顺、守纪律的劳动者,以此缓解城市中产的恐惧。

文武的区域经理李明非常支持政府对民营保安公司数量的限制,因为他认为"恶性竞争最终会损害业主的利益"。

我一开始并不相信他的话。在市场饱和的前提下,保安公司数量越多就越"内卷",促使这些民营公司降低服务费来保持竞争力。这样一来,他们不得不削减保安的工资来平衡收支,确实会损害这个行业的从业人员(包括普通保安和李明这样的管理人员)的利益。但是,对业主而言不见得是坏事吧?

然而,李明却从不同的角度解读了这个过程。"削减保安收入的结果是越来越少有能力的男人愿意当保安,这个职业的地位越来越低,而在职保安也越来越不认真对待自己的工作。这样一来,保安的素质和服务质量都会下降。"李明说,"最终,这还是会损害业主的安全感和幸福感。"

他的推论让我想起那位丢失电瓶车、要求物业赔偿的女业主,她曾在物业办公室里大声说道:"看看那些守大门的人,他们的工资才多少?你们只付那么一点点工资,我们怎么能指望他们负责任呢?一个人太穷了,就会为了钱不择手段。"

当与居民"近距离相处"的小区保安岗位纷纷变成非正式工作,保安的基本权利受到侵蚀、社会地位愈发下降、自身生存安全得不到保障时,他们对待这份工作的态度和表现可能会损害这个职业的功能,最终,可能会威胁到业主甚至政府的安全感。

第六章
这样每个人都会高兴

一

我和保安们混熟以后,阿德经常向我寻求各种各样的建议,比如如何讨好泽信的经理们,或者如何干预保安之间的纠纷。当我告诉他我在这些问题上也没有经验时,他常常回复:"你读了那么多书,一定比我懂得多。"

我刚遇见阿德时,他只有二十四岁,身形在人群中引人注目。他来自苏北小镇,父母是工薪阶层,共有三个孩子,阿德是中间的那个。

他初中毕业后在老家"玩"了两年,每天打游戏,追女孩,晚上和朋友聚会喝酒。一天晚上他和朋友在街上喝酒时,因口角与另一伙人打群架,造成对方一人受伤严重,几天后阿德和朋友们都被公安机关逮捕。阿德称，父母托了很多关系才让他躲过了牢狱之灾，但他们很生气，担心他再出去闯祸，便将他在家里软禁了两年多。

当阿德最终被允许走出家门后，他在老家的汽车修理厂找到一份工作，在那里两年学会了修车。但他始终觉得当修车工又累工资又低，便在2012年左右辞掉工作，前往南京谋生。

他先在一家餐馆里当服务员，但和老板相处不好，做了两个月就辞职了，连最后一个月的工资都没拿到。之后他在一家四星级酒店里找到保安的工作，首次进入了这个行业。在酒店工作的那两年，他与老家的一个姑娘结婚，并有了一个儿子。那时他的大舅哥在上海当保安，对阿德说上海的工资要比南京高许多。于是，阿德在2014年底带着妻儿来到上海。

在上海当了几个月保安后，他被一个同事带去了地下赌场。赌博在中国大陆是被严厉禁止的，但即便在上海这样一个井然有序的城市，仍然有一些地下赌场在运营。这些赌场通常隐藏在游戏厅或商场中，只有圈里人才知道秘密通道。赢了几把后，阿德发现赌博来钱的速度可比上班快多了，他很快就沉迷赌博不可自拔，连班都不去上了。

2016年，他没日没夜地泡在不同的地下赌场中，但对家人声称在做新的工作。每当赢了钱，他就请朋友大吃大喝或者给家人买贵重礼物，输了就找人借钱。那段时间他的微信朋友圈也总是流露出对暴富的幻想。譬如，他曾发了一个在线测试，结果显示和他匹配的汽车品牌是保时捷。他的赌博生活持续了一年,直到幸运女神彻底抛弃了他——他不仅输光了自己的钱,还欠了一屁股债。由于无力支付上海的房租,又被债主追债,他只好带着妻儿回到老家。

回老家的那段时间,他的大舅哥已经成为所在保安公司的区域经理,该公司在2016年被文武合并,大舅哥也成了文武的管理层。阿德在父母的帮助下还清了债务,决定洗心革面不再沾赌。他回到上海投奔大舅哥,进了文武当保安。他很快被提拔为班长,并在一年内晋升为队长。

当我问阿德是什么让他在这个行业如此顺利时,他笑着说:"可能因为我个子高吧。"这不是玩笑话,个子高、体格健壮和年轻都是这个行业罕见的"资源",拥有这些特征的人很容易脱颖而出。因此在大地的保安团队中,队长和班长总是三十岁以下的年轻人,普通保安则大多在四十五岁以上。

其实阿德还有一些个人特点使他成为员工眼中的好队长。他能站在他们的角度考虑问题,对保安的各种需求很通融。例如,按照文武和泽信的规定,如果保安请病假,当天的工资要被扣除。阿德会让生病的保安休息一天,而不向泽信和文武的上级报告,这样该保安就可以保留当天的工资。

阿德一直说:"我必须克制自己对这些人的感情,不然许多时候我很难做决定。"

阿德在处理其他问题时也显示了人情味。某楼的业主报告了一起对电梯的违规使用。这栋楼共有三十四层，每层有六户人家，只有两部电梯，因为人员众多，两部电梯本来就要等很长时间，而最近一些居民发现，电梯常常会在某些楼层停留很久，让等待时间更加漫长了。一些居民颇受困扰，尤其是早上上班会因此迟到。几个业主忍不住查看了电梯监控才发现，原来有个快递员每到一个楼层就用包裹挡住电梯门，这样他送完那层楼的包裹后就可以立即跳进"等待"的电梯去下一层楼，不用重新等电梯。他的自私行为既浪费了业主的时间，还会对电梯造成损坏，自然激怒了业主。某个早上，当那个快递员又来这栋楼送包裹时，一个业主打电话给保安办公室。

阿德带着保安赶到后，锁住了快递员停在楼外的摩托车，在大厅里耐心等待。大约二十多分钟后，快递员送完包裹后下楼了，这些保安立刻逮住了他。快递员恳求他们解开摩托车，并承诺再也不会阻碍电梯正常运行了。

阿德犹豫了一下，还是决定放他走。"我可以指控他破坏财物，把他送去派出所，但我真的不想那么做。我其实能理解他为什么这样做。这栋楼有三十四层，电梯一天到晚都很忙，假设每层楼都有包裹，他在每层等待几分钟，那就要花几个小时才能把一栋楼的包裹送完。对快递员来说，速度就是金钱。"

在回去的路上，他又告诉我："生活对每个人都很不容易，我不想因为我，让任何人的生活变得更艰难。"

在这个大多数人只想谋生而对工作缺乏热情的行业中，他的处世哲学使他与所有同事、主管、物业经理、业主，甚至小区里的小贩，都保持着良好的关系。

二

泽信的物业经理们在管束那些本地保安时常常感到力不从心。在把保安服务外包以前，泽信一直都艰难应付着业主对保安服务质量的投诉。本地保安通常和整个社区有很强的社会关系，比外来务工人员更懂《劳动法》，也更不好得罪。自从泽信与文武签订合同以后，泽信的经理们充分感受到了作为甲方的优越感——如果再从业主那里收到任何关于保安的投诉，他们只需要一个电话，督促文武和柯鑫的队长立刻解决问题就行。

我在前面提到，为了给乙方（两家保安公司）制造危机感，泽信与它们每半年续签一次合同。这样竞争压力像一把剑悬在两家公司项目负责人的头顶。每次临近续签合同的日子，文武上上下下都很紧张，竭尽全力保证续签顺利进行。那段时间李明三天两头到大地来监督保安队的表现。泽信也会借此机会提出各种要求和建议，甚至直接操纵文武的人员任命。前保安队长张熙就是在距离续约还有两个多月时被物业经理踢走的。

在昙花一现的前队长刘金发被调走当保安后，阿德留在了大地东区。他当时手下有两位班长：日班班长金正和夜班班长大雄，阿德把他们当作自己的兄弟。金正个子较高，二十岁出头，是退伍军人，此前曾和阿德在其他项目共事，因此两人的友谊很深。他们总是同进同出，金正晚上也可以和阿德住在单独的队长宿舍，而不是集体宿舍。

2018年4月底，文武公司已经开始为6月1日的合同续签做准备，李明被泽信的经理们叫到大地来开会。会后李明来到保安办公室，告诉阿德有一个好消息和一个坏消息，问他想先听哪个。

阿德回答："先听坏消息。"

李明说泽信的管理人员对金正和大雄都不满意，要求两个班长必须立刻离开这个项目。

阿德倒吸一口凉气："那好消息呢？"

李明说经理们称赞了阿德的表现。

阿德听完半晌说不出话来。他对此大惑不解："这是什么意思？我的表现很好，但我带的两个班长表现不好？他们对白班和夜班的班长都不满意但对我满意？这怎么可能？"

那些物业经理始终没有解释对两个班长不满意的原因。

后来阿德私下告诉我，他已经厌倦了这些本地经理一直在玩的把戏，他们似乎热衷于玩弄权术，故意用各种手段折磨、离间乙方内部。

阿德也苦恼于泽信对保安团队的不断干涉。他对李明说："如果金正和大雄做错了什么事情，泽信应该告诉我原因，让我做决定并下命令。他们是文武的员工，不是泽信的员工。"

文武的任何抗争都是无力的。第二天金正和大雄就离开了大地。阿德消沉了好多天，他曾考虑和这两个班长一起离开，但是，李明极力劝说他继续留在这个项目中，至少等到这次合同续签成功。

文武公司满足泽信经理们的心愿，把金正和大雄调到了上海的其他项目，其他保安不停地猜测为什么泽信的经理们非要把他们俩同时踢走。保安中流传的一种说法是，大雄和泽信某个经常值夜班的女职员有婚外情，而那个已婚女职员于两周前辞职了。那个女职员和同事关系不好，还跟泽信的经理们吵过架。有人猜测，这段关系可能是泽信经理们连带讨厌大雄的原因之一。

如果这是真的，为什么金正也会被踢走呢？金正回想起自己可能犯过的一个错——把东区第三区域收取的停车费错误地报告给了泽信办公室。据他偶然听到的一些消息，第三区域收取的停车费是某物业经理的秘密小金库。金正打心底认为这是自己被解雇的原因，并为自己的"愚蠢"感到自责。

还有人猜测周勇可能在物业经理面前说了不少金正和大雄的坏话，在这次事件中起了关键作用。周勇长着一张黝黑的圆脸，看上去忠厚老实。他是这些保安中表达沟通能力比较强的。有一次大地发生了一起居民纠纷，我向他们询问事发经过，阿德、小亮和另一名保安你一言我一语，费了很大的劲解释，我依然一头雾水。这时周勇走进办公室，三言两语就把事情解释清楚了。

2018年春,阿德又把周勇请回来,为了感谢他带来那么多人手,安排他做了最舒服的差事——白班机动组。机动组的两名保安大部分时间可以和班长、队长一起待在办公室,等到有任务时再出去干活。由于周勇此前已经在大地当过两年保安,对上海和大地很熟悉,这次又是阿德请回来的,所以他的老乡都很服他。而他居功自傲,加上有六个亲戚撑腰,态度也越来越狂。

有天清晨训练时,周勇装作没听见班长金正的命令,还和队伍中的其他人说说笑笑。金正被周勇的傲慢激怒,罚他在其他成员面前做二十个俯卧撑。周勇当时不得不照做,但他觉得自己被羞辱了,颜面尽失,尤其是当着那么多亲戚包括自己十九岁儿子的面。周勇无故缺席了第二天早上的训练。等他迟到了半小时才懒洋洋地去上班后,生气的金正立刻把他从机动组调到位于东区角落的四号门值守。周勇当即表示不干了,向阿德吵闹,阿德无奈,只好让另一名保安代替周勇值守四号门,把周勇留在机动组。

"我不觉得金正这么做有什么错。但能有什么办法呢?周勇像是我的朋友,而金正像是我的兄弟。他们发生冲突时,我只能要求我的兄弟妥协,"阿德对我说。由于大雄和金正是好朋友,周勇从此对两个班长都很有敌意。

阿德还发现,周勇在工作时间经常前往另一栋楼的泽信办公室,而他本没有理由去那里。我在泽信办公室上班时也注意到,周勇似乎很受那里的女职员们喜爱。他时不时带着谦卑和善的笑容,东张西望地走进叶经理的办公室,关起门交谈。周勇越过阿德与泽信的员工亲近,这让阿德感到很不安。

泽信公司在 2018 年初新成立了一个保安部门,向东区和西区各派出两个本地领班,负责监督和对接保安公司的工作。子峰是负责东区的夜班领班,他经常在夜间和阿德、金正等人一起喝酒吃饭,彼此变得十分熟悉。他有次在喝酒时警告阿德,周勇很可能是物业的"奸细"。

"我也不知道他去他们面前说了什么,但那些经理很信任他,他说什么他们都信。"子峰悄悄告诉阿德。

"难怪泽信的经理们好像了解我们队里发生的所有事情,"阿德后来对我感叹道,"我不能想得太深,太可怕了,这整件事让我觉得毛骨悚然。"尽管这个猜测没有得到证实,但周勇与阿德之间已经出现了裂痕。

在与周勇不合的两个班长都突然被物业经理踢出项目后,急缺人手的阿德把周勇的表侄小范提拔为白班班长。小范二十多岁,身高一米七几,符合保安行业用人的标准。看到自己的家人当了"官",周勇和亲戚们自然更加得意。

而同时,周勇的死对头刘金发也被阿德招了回来。刘金发在另一个小区当保安做得不开心,于是在离开大地三个月后,他打电话向阿德道歉服软,询问是否可以回到大地。当大雄被物业撤职后，阿德不计前嫌，接纳了刘金发，并任命他为夜班班长。

我问阿德为什么做出这个决定，他只是称赞刘金发做事"态度认真"和"勤奋"。由于白班和夜班几乎不会共事，刘金发和周勇及其亲戚之间也相安无事。

周勇前往物业办公室打小报告的行为似乎一直没有停止，后来又发生了我在前面提到的群殴事件。有天晚上，包括小范在内的五名亲戚联手殴打了新来的保安许江。阿德担心这五人集体辞职，没有对他们做出任何惩罚，但在这次事件后，阿德也意识到周勇家族已经成为一个隐患，长痛不如短痛，他必须放弃对他们的依赖。

2019年2月，周勇请了一个月的假回老家过春节。当周勇再回到上海时，阿德告诉他白班和夜班都已经招满人手，没有空缺的位置了。阿德向我承认，他只是找借口阻止周勇回到保安队，因为他已经彻底不信任周勇的人品。

周勇对阿德的做法非常恼怒，当即做了一个决定——申请到西区的柯鑫公司当保安。他也成了第一个跳槽到文武死对头公司的保安。不到一个月，周勇的六名亲属也全都与阿德反目，离开了文武，有的进了柯鑫，有的不知去向。其他保安很支持阿德的决定，或许是因为他们在宿舍生活和日常工作中也感受到了那个家族势力的压力。

几个月后，周勇又离开西区，成为郊区一家工厂的保安。

他还成功说服了文武东区的一名在职保安,一起跳槽去了那家工厂。阿德和保安们把这名保安的离职称为"叛逃"。

三

阿德和我也很快成了朋友。当他确信我是在做独立研究而不是物业的职员后,就时常告诉我一些保安队和物业"政治斗争"的情况,用他的话说,"水很深"。然而,水深之处不止在人员任命上,还在收入上。

有一天我们闲聊薪资,我问他物业职员的工资有多少。他认真地提醒我:"在中国,你不要问别人的工资多少,你应该问他们一年能挣多少。那些物业经理的薪水一个月可能只有几千块,但他们的年收入可能高达一百万。"

我第一次听到这个数字时有些吃惊。我知道大城市中的新兴富人有不少是通过房地产、股票或其他投资获得了财富,而不是仅靠工资。但他的话似乎是指许多家庭暴富不是因为工资,也不是因为投资,而是因为不能见光的灰色收入。阿德给我举了一个例子:某项目的一位保安队长虽然月工资仅为四五千元,但在职的三年里却至少赚了 70 万元。

我知道当项目队长会有一些好处:独立宿舍,大多数时间待在办公室内,不用风吹雨淋,还可以使唤别人。然而队长肩上也承担着更多的责任,并且明面上的薪水与保安相差无几。对于没有太多实际权力的保安队长,"灰色收入"来自哪里呢?起初阿德没有回答这个问题,直到有阵子他又陷入了苦恼,需要我的建议。

这是我第一次听说"吃空头"的行为。吃空头,是指虚报保安人数并吞掉那部分工资。如我之前介绍的那样,甲方(物业管理公司)通常根据乙方(民营保安公司)提供的保安人数计算合同金额。这种机制为队长提供了机会,他们可以虚构一个名单,侵吞那些从未存在过的"幽灵"保安的工资。阿德听说张熙在大地工作时每月至少吃掉六七个空头,意味着每月两三万的灰色收入。

由于保安行业的人员流动异常频繁,而且他们穿着一样的制服,在偌大的小区里不时调换岗位,因此物业公司管理人员很难追踪实际的保安人数并发现吃空头行为。而且据说一些负责监督的物业员工也有可能从中分到好处,所以默许这一行为。根据我从不同物业管理公司得到的信息,在这个行业中,保安队长联合物业员工通过虚报在职保安人数来侵占物业费的情况并不罕见。

2018年元旦,文武和泽信顺利续约,而阿德也挤掉刘金发,留下来成为正式的队长。没过两个月,泽信便成立了那个监督管理东、西区保安服务的新部门,新提拔的部门经理老姚专注于打击"吃空头"行为。阿德因此感叹,当他接手这个职位的时候,赚大钱的时代已经过去了。

老姚命令泽信的四个领班在每天清晨和傍晚都要参与两家公司白班和晚班的交接过程，并在保安们排队报数时拍照记录，因为那时是保安集训的时间，比较容易清点人数。许多保安在2018年春节前后回家乡过年，那段时间保安团队出现了严重的人手短缺，阿德不得不耍一些花招来渡过难关。他雇了几名小时工只在傍晚上班，参与集合点名，弥补人手不足。而至于派来监督他们的夜班领班子峰，早已被阿德、金正等人拉拢，每晚在一起吃吃喝喝、胡吹海侃。他不但不监督，反而经常提供关于老姚的情报。

老姚大约也心知肚明，他这次动了真格，不再像以前那样只是走过场。有一天半夜，本来早已下班的老姚瞒住领班，突然带着一名主管杀回大地东区，统计当晚到底有多少夜班保安在岗位上值班。他们带了一个笔记本，记下了在岗保安的名字。本来已经入睡的阿德被其他保安的电话吓得立马清醒，冲去宿舍叫醒几名白班保安，派他们紧急"支援"夜班。这几名白班保安假装是夜班的成员，也站到了岗位上。那天夜班检查结束后，他们又继续上了白班，连续工作了三十六个小时。

尽管勉强通过了检查，但阿德为老姚的较真态度感到慌张。第二天，我走进保安办公室时，他正在给上级李明打电话抱怨这件事。打完电话，他向我倾诉了昨晚惊险的一幕，并问我怎么办。

其实大地东区的保安很久都没有排满过40人了，虽然白班可以排满 20 人，但夜班总是缺人。阿德声称少的人数并不都是他为了吃空头而虚报，有时候其实是他给手下的人轮流放假了。民营保安公司的通常做法是：保安们一年要工作 365 天，没有周末或假期，无论以任何事由请假，当天工资都要被扣除。

"如果有谁生病，当天无法工作，我会给他一天带薪休假。"阿德说道。他认为只要不影响整个保安团队的表现，物业公司通常都会对这种安排睁一只眼闭一只眼。然而，老姚可不管阿德是私吞工资还是自行给保安放假，他清点人数时只要发现有人缺席，就会从当月支付给文武的保安服务费中扣除缺席人数的费用，而这是文武的老板最不能接受的。

阿德认为，新成立的保安监督部门在人数上百般刁难他，是因为他没有分给他们好处。

"为什么这么说？他们是给过你什么暗示吗？"我难以置信，我当时认为老姚只是尽忠职守。

"当然啦。"

"那你有没有给过他们什么呢？"

"噢，有的。但我以前经验不足。在前两个月，我花了一个月的工资请他们吃饭，给他们买礼物（烟酒）。可惜我只喂饱了两只小鬼（两个领班），没有喂大鬼（主管和经理）。现在正是这些大鬼在给我制造麻烦。可我现在都没钱了，我能给他们什么？"

我试着给他出出主意："也许你可以让你的经理给他们？"

"李明？不行。他也没有钱，他让我自己解决。"

几天后，阿德告诉我，他为了在这个新部门的"严打"下生存下来，决定从即日起每个月"讨好"新保安部门的员工。他有两个方案：一是把6000元全都给经理老姚一人；二是给老姚2000元，两个主管各1000元，四个领班各500元，总共也是6000元。他问我哪个方案更好。我告诉他自己没有这方面经验，实在说不准哪种效果更好。

又过了几天，他告诉我，他已经决定选择方案二，因为他打听后得知柯鑫也在执行方案二。他说："这样每个人都会高兴。"

我很好奇他每个月从哪里得到6000元闲钱，因为他的工资只有5000元。他说他将"吃两个空头"来支付这笔钱。我不清楚他是否真的这么做了。

相信大家读到这里，都会觉得事情变得有些荒诞。新设立的保安部门旨在监督保安服务并打击腐败，然而几个月后，一切又回到了老路上——保安公司和物业新部门的人员联手从物业开支中捞钱。

我回想起这件事时，感到最惊讶的不是这个行为本身，而是每个人在谈论这个话题时都非常自然。阿德向我或李明求教如何"吃空头"时，并没有避开办公室里的其他保安，保安们也没有表现出任何惊讶或反对的迹象。

我同样惊讶的是，当阿德说他如何想尽办法"吃空头"时，我的内心没对他有任何道德评判。在那种情况下，他的想法或行为有一定合理性，甚至是相当"正常"的。我后来从其他地方获知，"吃空头"现象在保安行业非常普遍。这种行为和一个队长的道德品质似乎没有太大关系，不管谁在那个位置上，都有可能会这样做。

这种现象背后的一个重要原因是保安行业的低薪。首先，要让这些队长以4200元的月薪在上海招满40个符合甲方对年龄要求的男性，并不是一件容易的事。保安行业的跳槽率高达80%，更别提年轻保安了，队长常年需要补充新员工，而每年从春节前的两个月开始，招工更是难上加难。其次，由于从甲方那里拿到的费用少，保安公司给管理该项目的队长的工资也不高，仅仅比普通保安高几百元。保安公司也知道这个工资很难在上海留住那些二十多岁、身材达标的年轻人，于是默许队长自己想办法从项目中捞钱，作为对低薪的补偿，只要公司每个月按时、全额收到物业打来的费用即可。

总之，乙方通过竞价拿下项目后，为了存活，要么在保安的人数上造假，要么在保安的条件（主要是身高和年龄）上造假，要么两者都造假。

四

在日常生活和访谈中，我了解到城市小区物业管理流程的每一步都存在灰色地带和可能的贪腐问题。举例来说，保安服务公司、园林绿化公司、建筑施工单位和保洁公司等乙方，可能需要贿赂物业的高层管理人员，才能打败竞争对手、获得合同。即便承包了项目，乙方公司还会持续不断地"给好处"，以避免甲方严格地监督或者刁难他们的工作。由于那些大额合同或大项目必须得到业主委员会的批准，物业管理公司可能也会给业主委员会主任和成员"好处"，以便业主委员会能批准这些合同、同意物业的开支，并保护物业管理公司不被解聘，尽管这些决定可能会损害其他业主的利益。一些业主相信物业公司也给居委会工作人员好处，这样后者会尽力保护物业公司不被业主解聘。

保安队长则通过"吃空头"来给自己增加收入并支付好处费。就连在物业公司职位最低的领班，也可以通过吃吃喝喝、收受烟酒等礼物，从比他地位低的外地保安团队身上揩油。他们对保安团队的缺人现象视而不见。

下面我将介绍另外两个有"灵活空间"的地带：维修基金和停车费。

大地小区每栋住宅楼都有独立的维修基金账户，归物业公司管理。根据政府规定，每当新单元出售，买家和房地产开发商应按照3:4的比例投钱到维修基金，为今后维护、修理和更新小区设施预留资金。大地的业主当年每平方米支付了36元，开发商每平方米支付了48元。由于大地有上万户，躺在维修基金账户里的有近2亿元，每年光利息就有数百万。

这笔庞大的资金可不可以用、用在哪儿，总是引发许多争议。按照规定，从维修基金支出超过 2000 元的项目都必须得到该楼栋或该区域内超过三分之二的业主同意。

在我开始田野调查后不久，一个老人从三十三楼的阳台上跳下，摔落在二楼平台上身亡。巨大的冲击力使二楼的大理石平台上出现了一条明显的裂缝。住在二楼的某业主看到事发现场，受到了惊吓。她和物业说每天看到这条裂缝给她带来了持续的精神伤害，因此要求更换掉她家阳台外的那块大理石。这让泽信的叶经理很为难。

叶经理是一位中年女性，果断能干。要换掉这么大面积的大理石平台，费用必然超过 2000 元。然而其他业主表示，他们并不愿意为只有二楼业主才能看到的这块大理石买单。

二楼业主总是诉苦、催促，不得已之下，叶经理想到一个办法：她找到一家愿意把此项目价格降至 2000 元的工程承包商，她向承包商承诺今后会把利润更丰厚的大项目给他，并在合同上把价格做高一点，以弥补他在这个项目上的损失。通过这种方式，叶经理绕开了业主表决的流程，换了二楼平台的大理石。叶经理想办法替业主解决了难处，但这同时也反映出，即便规定严格，物业经理在操作项目资金上还是有很大的灵活性。

位于行业体系最底层的普通保安也可以有灰色收入，最容易到手的是停车费。

在车辆自动识别系统应用之前，大多数小区的门岗都是由保安手写记录进出车辆并收取停车费。很常见的情况是，门岗保安会在记录时故意漏记某辆车或者写短停车时间，偷偷留下一部分停车费。这笔灰色收入在行业中已经成为公开的秘密。

但是自2016年以来，上海许多提供付费停车位的小区都安装了汽车自动识别系统。2017年秋天，泽信也在大地安装了这个系统，禁止小区内临时停车。该系统可以识别车辆是否向泽信办公室支付了停车费，并自动向已支付费用的车辆开启道闸杆。按照最初的设想，门岗保安无权让那些没有向泽信支付停车费的车辆进入。泽信希望通过这种方式剥夺保安经手停车费的权力，同时限制已经太过拥挤的小区内的车辆数量。

然而，小区内商家（超市、便利店、健身房、中介、快递点）的车辆，以及上万家住户有亲朋好友上门拜访，都需要进入小区，新系统一刀切的做法并不实际。我在前面章节也写过，这个新系统导致每天傍晚大门外都乱作一团，引发了大量不满和抱怨，因此在推行一个多月后，泽信办公室就修改了规则：允许一些临时来访车辆提前报备，经泽信办公室批准后进入大地。在泽信的设想中，保安会对照物业办公室提供的车牌名单，用遥控器为这些车辆解除道闸杆，收取停车费，并在每晚将收到的停车费交到物业办公室。

理想很美好，现实却是另一回事。只要开了一个口子，口子就会越撕越大。后来，无论在不在名单上的车辆都能进入，临时停车费仍有一部分落入保安的腰包。

2018年3月，物业经理告诉阿德，他们发现保安郭振经常在当班时无视规定，私自留下司机支付的临时停车费。被物业经理斥责，阿德也很恼火，当天开除了郭振。

"我上个月就发现了他的问题，也警告了他。如果他只是每周偶尔做两次，其实没有人会计较的。但他真的太贪了。这个月他做了好几十次，你说蠢不蠢？"阿德对我说道。

他的话流露出的意思是：私自收取停车费的行为本身问题不大，郭振错就错在太频繁、太不隐蔽，显示出自己的愚蠢和贪婪。

我问过一名在门岗上工作过的保安："新系统会自动扫描车牌号，那样物业对于进出的车辆以及停留时间不是都有记录吗？你们是怎么不让他们发现的呢？"

他笑道："那方法可就多了。对于那些每天固定来的临时车，门岗基本都认识了，最常见的就是挡住车牌或摄像头，不让它被扫到。"

"那对那些不固定的、门岗也没把握的临时车呢？"

"对那种车，可以偷偷手动登记为保安公司来检查，或者给物业送货，或者给保洁工程部送货……这类车是不需要交停车费的，所以停车费就可以自己留着了。"

"那少登记停车时间要怎么做？车子既然有进来的时间，就会有出去的时间。"

"一般只对长时间停的车才这么做。门岗可以跟司机商量，比如本来按时长要收50元停车费，只要他从进口开出去，就只收他30元。很多司机为了省钱，会配合。"

"那门岗可得一直打起精神，小心记录每辆车子的进入时间了。"我说。

"要想挣这钱，门岗他必然要仔细、花心思的。"

比起巡逻组和机动组，"门岗"从工作量来说并不是好差事，因为从早到晚进出的车辆行人很多，他们很难偷闲，但"好处"是可以经手停车费。门岗会把当天"扣留"的停车费上交给队长，队长会分给门岗一部分。根据小区的规模和地段差异，一名保安每个月可能从中获取的收益也从几十、几百至一千元左右不等。比起这个系统中其他的贪腐行为，这个金额或许不值一提，但对那些保安来说，这是一笔非常重要的收入，因此有机会经手的人也会格外上心。

2023年，我回访两名当年在大地工作的保安，打听后来的停车收费情况。他们都告诉我，最后两年的临时停车费"大部分都在保安手上"，也就是说，他们只给物业上交了一小部分。

我问："物业没有发现吗？"

一位回答："物业当然知道，都不是傻子。"

另一位回答："你让物业自己去收停车费，他们会拿得更狠。因为当时我们保安所有的脏活累活都干，表现还行，所以物业对有些事情也睁一只眼闭一只眼。"

由于小区管理的各个流程中都存在灰色地带，各种各样的贪腐行为导致每个项目最初的设想都沦为空谈。

在车辆自动识别系统推出三年多后，2021年1月，一个房地产微信公众号这样描写大地内部的交通："车辆抢了电瓶车的路，电瓶车只能上人行道，而且也没人管，那车自己的路呢？被停满了。最后每个人都走别人的路，让别人无路可走。"文章最后总结道："这里像一个没有物业的小区。中介告诉我，这里的物业快被炒掉了，几乎不管事。"

当月，泽信物业便和两家保安公司一起结束了在大地的服务。

离开的保安到了新的小区、新的岗位，只要有机会，便会延续之前的行为模式，因为他们在这个行业中浸淫已久，自然而然地认为灰色收入也是这份工作应得收入的一部分。很多符合条件的年轻人愿意继续留在这个行业，也是希望等自己当上队长后，可以"吃空头"和拿停车费。如果他们服务的小区禁止临时停车，或者地段偏僻，没什么外来车辆，又或者保安人数本就太少，没什么机会"吃空头"，他们就不会在这个小区久留。换言之，在这个没有前途也无法获得尊重的行业中，只有算上这些台面下的好处，职位才会变得有一定吸引力。

我还记得阿德在决定效仿柯鑫的做法时说过："这样每个人都会高兴。"确实，新部门的人被打点好后，整个流程中的每一环似乎都进入一种动态平衡，看似是一个多赢的结果。但是，并不是真的"每个人"都高兴了。

在腐败无孔不入的系统中，业主和处于权力结构底层的劳动者最终承担了后果。就"吃空头"而言，保安、保洁、绿化人员等为中产阶层业主服务的工人，实际上分担了那些"幽灵"工人的工作量，收入却没有增加，也无法让自己的付出被看见和认可；工人只能拿到微薄的工资，对工作没有热情，一旦有机会，也会和其他人一样中饱私囊。一切或许暂时达成了平衡，无人察觉，但实际上系统中每个人的心态和服务质量都在发生变化，最终从量变到质变。业主们有一天会发现，自己付的物业费并没有减少，而物业提供的方方面面的服务却一天不如一天，矛盾也就由此产生。

第七章
我和你不一样

一

2017年的一天,一个穿短裙的年轻女子经过大地的一号门时,站在门口值岗的小亮注意到她性感的身体曲线,拿出手机拍下了她的背影,随后把照片发到保安队的微信群。他的同事,尤其是那些年长的保安,带着看似羞涩的笑容点开了这张照片。

小亮那年二十三岁,已经在大地工作一年多了。他身高一米七左右,中等体形,长着一张白净的娃娃脸,说话声音很轻,略有些结巴。其他保安大多来自贫困的农村家庭,学历不超过初中,而小亮与他们不同,他是县城中产家庭的独生子,有高中学历,父母经营着一家纯净水供应站。

高中毕业后那两年他在老家游手好闲,父亲对他很失望,要求他趁着年轻去大城市闯一闯，锻炼一下自己。于是，小亮带着父亲给的 5000 元，2015 年和高中好友一起来到上海。但他的父亲可能永远不会知道，儿子的第一份工作是在一家夜店当"公关"。

在那家知名的夜店里，小亮的同事们是清一色的年轻男孩，而顾客大多是富有的女性。他们的工资分为两部分：很少的基本工资和顾客在包厢消费的提成。为了业绩，这些男公关需要不断认识富有的女性，与她们保持友好联系，吸引她们来消费。除消费提成之外，长得帅气、嘴甜的男子还可以获得可观的小费。

小亮和朋友刚到这座城市，几乎没有任何途径认识有钱的女性。开始两个月，经理把一些回头客的酒水提成算到他们头上，帮他们涨业绩。那段时间他们每月可以拿到 8000 多元。

为了让顾客愿意多花钱，这些年轻男孩有时也会提供其他服务。他们私下里最津津乐道的是，某个同事被富有女性长期包养，过上了奢侈轻松的生活。据新闻报道，2019 年 1 月，上海一家俱乐部的男公关在过二十八岁生日时，从一个女顾客那里得到了二十八份奢华的生日礼物，包括一辆奥迪汽车、一只装了二十八万元现金的盒子和一只纯金的杯子，等等。这则消息在网上广为传播，警方随后取缔了那家俱乐部。

小亮那个朋友身高一米八，长相帅气，能言善道，在头两个月里成功与几位客户建立了联系，从第三个月起能保持差不多的收入。但小亮就没那么幸运了。接下来几个月，小亮的收入急剧下降,最后不得不另谋生路。他离开夜店时,账户里只剩下几百元。

小亮认识到自己不可能在销售行业取得成功,但也不知道自己可以从事什么工作。几天后,小亮经过大地小区门口和一名保安闲聊,听说文武还在招人,便在第二天住进了保安宿舍。

尽管保安的收入比夜店公关少,但小亮每个月可以存下大约800元,反而比之前多。首先,他不需要支付房租,以前他和朋友合租一居室公寓,每月要为客厅的地铺支付2000元;其次,他在社交和生活上的花费少了许多。夜店的工作时间是晚上八点到凌晨两点,每天下班后,这些年轻人都会轮流请客喝酒、吃夜宵。相比之下,小亮的保安同事们全都过着节俭的生活,大部分时间都自己做简单的饭菜充饥,何况他们每天工作十三个小时,也没有时间吃喝玩乐。大地周边小商铺很多,小亮不用自己做饭,可以买到便宜的一日三餐。

除了能存更多的钱,小亮喜欢当保安是因为有健康的作息。在夜店时,酒精和放纵的生活方式总是让他萎靡不振,而作为一名白班保安,早睡早起使他精神焕发。

尽管小亮在与业主打交道时容易紧张,但他能回忆起的关于这份工作最快乐的时刻,都是从业主那里收到小费和小礼物。有一次他帮业主将鱼缸搬上楼后收到了两包中华牌香烟,这让他高兴了两天。他还对业主结婚和乔迁的喜事感到兴奋,因为一些慷慨的业主会在现场给保安发红包,他收到过的金额从50

元到 200 元不等。小亮的外表看上去年轻、白净、乖巧，所以有时能比那些年长保安拿到更丰厚的红包和礼物。

小亮一直没如实告诉家人自己在上海当保安，他认为父亲若知道实情会觉得丢人，在亲戚中间抬不起头，因此他长期谎称自己在上海当房产中介。

"保安应该是社会上最受歧视的职业了，对吧？"他有次问我，没有等我回答，接着说道，"特别是因为我的年龄，就连我的同事也看不起我。他们经常问：'为什么你这么年轻就当保安？难道你不能做些更有挑战的工作吗？'"

在房地产行业繁荣的那几年，中介可以获得十分可观的佣金，而且大地小区内外都有大量房产中介办公室，因此我问小亮为什么不真的试试去做房产中介。他反问我："你觉得我有这口才说服别人买房子吗？"

由于父母一直催他相亲结婚，他自己也认为当保安不是长久之计，2018 年底便辞职回去了。他确实考虑过留在家乡，还与姨妈安排的相亲对象谈起了恋爱，但他在县城里始终找不到合适的工作，而且总是怀念在上海时没有父母管束的自由自在。

2019 年初，周勇带着六个亲戚离开大地，阿德一时没了白班班长的合适人选，因为当时队伍里的保安大多超过四十五岁，个别没满三十岁的身高也不到一米七。虽然小亮一米七的身高在夜店不那么受欢迎，但在大地的保安中却是难得的标准身材，加上当时只有二十五岁，阿德认为他是班长的绝佳人选，于是给小亮打电话许诺，只要他回来就提拔他为班长。小亮同意了。

从 2018 年年中起，房地产市场开始降温，上海许多中介倒闭，小亮的父亲也读到了新闻，不相信儿子回上海是继续当中介。事已至此，小亮不得不坦白自己要回上海当保安，且之前在上海的那两年也一直在当保安。

我问他："那你是如何说服你爸让你回来的？"

他回答："因为我告诉他，在上海当保安是个特别有前途的工作。"说完，他自己也忍不住大笑起来。

周勇十九岁的儿子已经离职，二十五岁的小亮成为东区年龄最小的保安，而且因为晋升为班长，他的工资也涨了 300 元，为 4500 元。与他相亲的女孩选择继续留在家乡，和他中断了交往。当小亮第二次成为保安时，朋友已经在夜店混得如鱼得水，还找到一位三十多岁的漂亮有钱女性，每月资助他两万元生活费，让小亮羡慕不已。

由于缺乏自信和沟通能力，小亮在指挥一支来自不同省份的中老年男子组成的团队时颇为露怯。他对自己能否晋升为队长也不太有信心，因此仍在思考如果不想一辈子当保安，将来应该做什么。"我家那个送水站的生意也一天不如一天，我不知道将来该怎么办。我确定最多在大地再干两年，因为我不想待到年纪太大，那样就无法重新进入就业市场了。"小亮说道。

2021 年 1 月，泽信物业连带着文武和柯鑫都被大地的业委会解聘，新入驻的物业公司允许四十五岁以下的保安留下，大部分保安在一夜之间丢了工作。

2024年初,我再次联系上三十岁的小亮,问他在做什么工作。他发给我一段小区视频,里面有碧波荡漾的泳池和树荫浓密的花园,他现在在上海的这个小区当保安。我查到这是市中心一个房价昂贵的高档小区,只有很少几栋楼。

"你是不是当上队长了?"我问。

"唉,队长队员都一样的,终究还是个保安。"他回答。

"应该是当了吧?"

"嗯嗯。"

根据我了解的行情,2017年类似档次的小区给普通保安的薪资在5000多元,比当时大地4200元的月薪高了不少。2023年,这类小区给保安的工资想必更高。小亮不愿说具体收入,但他告诉我他对当外卖员没兴趣,因为送外卖和他那里的工资差不多,而且一天要干十五个小时才能赚钱,相比之下他的工作轻松许多。

无论是小亮现在所在的小区还是接手大地的新物业公司,都对保安提出了一个要求:年龄在四十五岁以下。仅年龄这一条就筛掉了大部分大地的保安。

小亮多年来从事保安工作的经历证明,年龄和身高已经成为保安找到好岗位以及升职的两个最重要的因素,这两个条件也总是明确地列在招聘广告上。我曾看到某小区张贴的保安招聘广告,第一条硬性要求是年龄在十八岁至三十八岁之间,第二条硬性要求是身高一米七以上。紧跟着才是其他软性要求，如"退伍军人优先""普通话标准""善于沟通"和"心理素质和综合素质好"。

阿德认为他进入保安行业后能快速晋升的原因正是他的身高（一米八八）远远超过了中国男性的平均身高，当然他也足够年轻，只有二十多岁。阿德面试新保安时最关心的也是求职者的年龄和体形。其他条件，如工作经验、教育背景、性格、心理素质甚至犯罪记录在招聘过程中较少受到关注，甚至被完全忽视。

根据《工人日报》2015 年的报道，由于低薪、低社会地位和缺乏前景，全国保安工作的跳槽率超过 80%。我在大地的观察结果与数据相符。但无论大地的保安如何频繁更换，大多数人都在四十五岁以上，而白班和夜班的班长始终不超过三十岁。一个年轻人哪怕不具备领导一支中年保安队的强势性格和魄力，只要年轻且身高达标，就可能会被选为班长、队长。阿德解释道："如果他们看起来好看，我是指个子高、长得帅、年纪轻，那么业主们看到了会很高兴，物业经理自然也会高兴。"

为什么整个行业如此迷恋年轻高大的身体？这种偏好和重视只和安全需求有关吗？

二

2017 年我刚到大地时，当时的保安队长张熙告诉我这个项目只招募四十五岁以下的保安。然而，当我2018年再次询问时，队长阿德对我说他们的要求已经放宽到五十五岁以下。泽信并不支持这么做，他们还是要求把年龄限制设在四十五岁。这个分歧也引发了矛盾。

"如果泽信愿意多付钱，我们当然可以招到更年轻的，就和一些高档小区里那样，"李明告诉我，"但因为泽信付的是C级别的费用，所以我们只能雇四十五岁至五十五岁之间的保安。"

直到那时我才知道，文武公司根据甲方付出的价格提供三种服务标准。有趣的是，所谓服务标准全都按年龄划分。A级别的保安都是三十五岁以下，B级别的保安在三十五岁到四十五岁之间，C级别的保安则在四十五岁到五十五岁之间。

这种对保安年龄的"痴迷"，首先应该放到中国社会的老龄化背景下理解。在中国，老年人口的比例不断增长。1982年底，六十五岁及以上人口的占比仅为4.9%，而到了2023年底，这个占比已经升到了15.4%。

同时，劳动年龄人口（十六岁至五十九岁）总人数自2011年到达高点后开始逐年下降。2011年，中国的劳动年龄人口达到了历史峰值9.41亿人，占总人口的69.8%，2012年首次减少了345万人，之后不断减少，并在2015年减少了创纪录的487万人。截至2023年，劳动年龄人口有8.65亿人，占全国人口的比重为61.3%。作为城市劳动力蓄水池的流动人口也在2014年发生了变化：自连续增长了十四年并在2014年达到顶峰的2.53

亿人之后，流动人口逐年减少。①

面对严峻的人口老龄化危机，2011年中国全面实施双独二孩政策，即夫妻双方若都是独生子女就可以生育两个孩子。2013年12月，中国实施单独二孩政策，即允许一方是独生子女的夫妇生育两个孩子。但随后两年的出生率并未达到预期，因此自2016年元旦开始实施全面二孩政策，这标志着自1985年以来一直实行的独生子女政策彻底终止。然而，根据国家统计局截至2022年的数据，人口出生率自2016年以来依然逐年下滑。

人口老龄化会给经济带来负面影响：减少劳动力供应，影响创新力，增加社会保障制度的负担，并且抑制消费市场。人口老龄化还加剧了市场对年龄的歧视，大幅提高了雇佣年轻人的成本。依赖充裕廉价劳动力的保安行业也因此面临劳动力尤其是年轻劳动力短缺的情况。

在这种背景下，小区保安的年龄越来越大，已成为行业普遍现象。2023年，重庆某小区的一名业主与物业发生纠纷，持刀行凶，刺死了一名女工作人员并刺伤一名保安。令人惊讶的是，那名受伤的保安当时已经七十岁了，他女儿说父亲是为了每月能挣上一两千块钱补贴家用才出来当保安。

2024年4月，长沙市岳麓区某小区发生了一起强奸案：物

---

① 以上数据出自《中国统计年鉴》、中华人民共和国中央人民政府网站等。

业聘请的五十三岁保安队长于某某涉嫌性侵六十六岁的女保安方某。据报道描述,方某和老伴在一个多月前一同入职这个小区,月工资为 2300 元,没有社保,而队长于某某的月工资为 2700 元,有社保。于某某在该小区工作了十年,其间多次被下属投诉,但一直受到物业的庇护。物业董事长对记者声称:"他才五十三岁,在公司做了十年了,(这么点工资)找到一个五十三岁的人(当保安)不容易。"这个事件充分反映了保安行业缺人,尤其缺年轻人。方某已经六十六岁,身高一米四几,背有些驼,不会说普通话,但她依然被录用为"保安"。而同时,物业公司因为担心身高一米五几的于某某离职后招不到如此"年轻"的继任者,对他的种种恶行视而不见,导致他胡作非为,长期欺凌比自己更弱势的下属。

许多网友在生活中也观察到了保安老龄化的现象,有人幽默地评论道:"我们小区的五个保安凑不出三颗牙。"

事实上,在大地小区,即便执行 C 级别标准(四十五岁至五十五岁),也不是每名保安都符合条件。在四十名保安中,通常有几名保安不到四十五岁,也有一些保安的年龄超过五十五岁。我在大地小区遇到的最年轻的保安是周勇的儿子,他当时十九岁,高高瘦瘦,看起来像未成年;我在大地小区访谈过的年纪最大的保安是辽宁的老汪,五十七岁。阿德告诉我,他会让老汪再干几年,因为他看起来比实际年龄小。

和上一任队长一样,阿德特意安排老年保安值夜班,希望在夜色的掩盖下，物业经理和业主不会注意到他们的年纪。但泽信的经理们还是察觉到了，一直向阿德施压，要求他用年轻人来替换老保安。迫于压力，阿德不得不在2018年3月招来几名四十五岁以下的年轻人，替换几名五十五岁以上的保安，尽管他知道这些年轻保安待不了多久就会离开。

保安公司还会在保安的年龄上做各种手脚。一种常见的策略是，他们刚接手项目时会提供年轻的保安，当那些年轻保安一个个离开后，招来顶替的都是中老年保安。物业经理或业主通常很难立刻察觉到这种变化，直到有一天他们会发现小区里所有陌生的保安面孔看起来都比过去年长得多。

搬到大地小区前，我常常借住在亲戚的玉星小区。玉星刚交房时，开发商还在继续销售后期开发的楼栋，当时站在大门口的那些身姿挺拔的退伍军人保安给购房者留下了深刻的印象。然而，房子卖完后过了半年，年轻的保安几乎都消失了。一位女业主在微信群中抱怨被物业忽悠了：那些在刚交房时的"军人"被"一群老家伙"代替了。

年轻男性通常把保安工作当成跳板——他们刚到上海，不认识任何人，也没有住处，急需一份能够提供免费住宿的工作安顿下来。一旦他们熟悉了环境和一些求职渠道，很可能就会离开。他们去了哪里？有些人回了老家，有些人去商业设施当保安，还有人转了行，最常见的是去做外卖员和快递员。

2016年，在线外卖业兴盛起来，每天需要"骑手"配送数百万的在线订单吸引了成千上万的年轻工人。骑手的入职门槛与保安差不多，只需一部智能手机和一辆电瓶车即可开始工作。骑手的收入由底薪和提成组成，因此送出的订单越多，收入就越高，一部分机灵勤奋的骑手每月可以挣一万多元。许多年轻人宁愿在街头巷尾冲刺奔波，也不愿在小区大门口站上一天。保安公司越来越难招到年轻人。

而像小亮这样的年轻人，如果继续留在保安行业，也是因为期待这份工作还有上升空间。李明认为，文武为所有年轻保安提供了卓越的晋升前景，只要他们认同文武的企业文化。李明自己五年前还只是普通保安，如今已是区域经理。从2016年到2017年，文武负责的项目数量从400多个增加到775个，提供了300多个队长职位、600多个班长职位，还有品控经理等职位空缺。但是毋庸置疑，这条晋升之路只对年轻人敞开。阿德和李明都是在很年轻的时候加入文武，升到队长和经理的职位时还没到三十岁。

尽管没有晋升前景，那些没有职业技能、资源和学历的中老年男性仍然觉得这个行业很有吸引力，甚至是他们这个年纪的理想职业，因为他们很可能无法在城市中找到其他薪资相当又不用那么操心的工作。有些人会在不同的小区之间跳来跳去，原因各式各样，比如稍微高一点的工资、更友好的同事、更轻松的工作负担、脾气更好的队长等等。

三

要理解整个行业对年轻和高大的偏好，还需要结合中产业主的另一个执念——总是渴望一个更大的保安团队更严格地把守大门。我在大地西区的某栋楼租了一个房间，那栋楼的一楼大堂放有沙发。每天傍晚，都有楼里的居民聚在大堂聊天，有时候我也会加入。老梁自2003年楼房竣工以来就住在这里，他最不满意的事情就是泽信公司对安保的承诺从未兑现。

在他购买这套房子时，房地产开发商也就是泽信的母公司承诺，将给每栋住宅楼配一名保安（也叫内保）。他住进来那年，除了在四个门岗的守卫以及巡逻的保安，每栋楼的大堂确实都有一名内保。但仅仅一年后，就变成了两栋楼共享一名内保。

"你看看现在什么样了？"老梁说。

随着劳动力成本年复一年地增加，泽信减少了每栋楼的内保，最终变成多栋楼共用一名"楼管"。内保和楼管做的工作基本相同——盯着进出的人，把业主关于设施维修等请求转达给维修队。为什么泽信要改变这个职位的名称呢？原因之一或许是，原来那些本地的中老年男性员工逐渐被本地的中老年女性员工取代，而且她们只在白天上班，不符合小区保安的典型形象。物业怕引起质疑，索性把职位名称都改了。

在居民的记忆中，这栋楼从未发生过财产和暴力犯罪，但几个居民在旁边听我和老梁谈话，纷纷表达对大堂里没有保安一事的不满，并希望大地能够效仿高端小区，在每栋楼都配一名保安或者管家。

相比之下，玉星小区交房后，每栋楼不仅有先进的门禁和梯禁系统，大堂里还坐着一名身穿枣红色西装的"管家"。管家有男有女，大多比较年轻，受过高中以上教育，只为该栋楼的36户业主服务。"管家"这个称号让人想起传统英国贵族在豪宅中的生活方式，而这正是中国新富阶层渴望的文化资本。

根据我的观察，玉星这些管家的工作通常十分无聊，主要是把快递员送来的包裹放在办公桌下，等业主下班领取或帮忙放到每一户的独立电梯间，或者帮忘记带门禁卡的业主开门。由于没有太多事要做，管家数量在物业公司交房一年后减少了一半，变成两栋楼共享一名管家。如同在大地减少内保一样，这种做法同样引起了业主的强烈抱怨。

这让我想起一件事。一对老年夫妇早上起床后发现他们停在楼前的电瓶车被盗，于是气冲冲地来到泽信办公室投诉。女业主在办公室里生气地大喊道："我住在这里感觉一点都不安全！你们看看，每个人都可以自由进出我们小区。墙、大门和那些保安都像摆设！保安从来不好好管事，这就是为什么业主的电瓶车每天都被盗！"

"你们还想要保安怎么管呢？"叶经理问。

"他们从我们这里领工资，至少应该看好我们的大门。他们必须检查每个访客和每辆车的身份,不能让那些陌生人进小区。"

"这是不可能的,"叶经理微笑着回答,"大地从来都不是一个封闭小区。"

这是我第一次听专业人士亲口确认大地不是封闭小区,尽管许多人认为它是。这种分歧取决于如何定义封闭小区。可以说,自1980年代以来,上海几乎所有新开发的商品房都采用了封闭形式。1991年至2000年,上海83%的居民小区都带着不同形式的大门和围墙,如今这个比例肯定更高了,即使是那些单价很低的老旧小区通常也有围墙和保安。我大学毕业后在上海一家杂志社工作,起初住在一个由某国有单位于1950年代建造并于1980年代出售给职工的老旧小区内。那个小区有围墙,两名老年保安日夜轮流看守着唯一的出入口。

在许多国家,封闭小区和雇佣保安是富人的选择,是高档住宅区才会配备的,但在中国,封闭形式已经不再是一种选择,而是一种普遍的都市现象,是几乎所有城市居民的生活方式。

尽管围墙和大门无处不在,小区的封闭程度却有所不同。许多小区在名义上仅允许居民和他们的访客进入,但实际上却很难执行。如果大地小区的保安必须拦下每一个行人询问并核实身份,那么想必下班高峰时居民们得在小区门口大排长龙才能回家。因此,在大地和类似的小区中,保安只会偶尔拦下那些明显不属于这个小区的人,例如乞丐、拾荒者和摊贩。

门禁系统可以帮助居民人数少的小区实现真正的封闭,但这类技术不适用于大型小区。为了实现一些居民对于"真封闭小区"的渴望，2017年时泽信在一号门的人行道上各安装了一个一米高的围栏门。他们计划在夜间关闭两个围栏门，只有持有门禁卡的居民才能进入小区。围栏建造时我就怀疑这个计划能否顺利落实。大地小区的访客、服务人员（如家政工）和内部商业人员（如超市、餐馆员工）、外卖员都没有门禁卡，夜间行人道关闭无疑将急剧增加保安确认访客身份的工作量。果然，项目完成后，只有一条人行道夜间关闭，另一条保持畅通，保安也不再询问进出的人，这再次表明大地很难变成"真封闭小区"。尽管如此，阿德认为关闭一条人行道也有好处，至少可以引导人流，方便门口值班的保安观察人群。

中国也有全封闭小区，通常人口密度较低，保安团队规模较大。2006年，有学者在一篇论文中描述了北京的紫玉山庄别墅区：除了监控和保安室，还有四十名身穿制服的保安带着德国牧羊犬在小区二十四小时巡逻。[1]

即使是玉星这种物业费比大地高三倍的小区，也无法完全封闭。根据2017年我在玉星小区居住期间的观察，保安只会拦住步行或骑自行车的陌生人询问，其他人依然可以自由进出。即使车辆被拦在大门外，只要随便说一个单元号就可以进入。

---

[1] Giroir Guillaume, "The Purple Jade Villas (Beijing): A Golden Ghetto in Red China," In *Private Cities: Global and Local Perspectives*, eds. Georg Glasze, Chris Webster, and Frantz Klaus (London: Routledge, 2006).

到了 2021 年，玉星小区的物业应居民要求，给三个大门的人行道装上了围栏门，行人进入也需要刷卡。还有那么多家政工和访客没有卡怎么办呢？按照规定，保安要向业主核实才能放行，但保安常常觉得麻烦而不按规定做。

严格地说，中国城市大多数住宅小区只在建筑形式上与西方国家的封闭小区相似，但由于保安的数量、受到的培训以及工作效率有限，小区很难实现真正的封闭。

四

20 世纪初，索尔斯坦·维布伦提出了"炫耀性消费"的概念——休闲阶层通过消费来展示他们的权力、财富和地位[1]。经过一个多世纪的发展，炫耀性消费已经突破精英阶层和西方文化，成为全世界的普遍现象；从商品到服务再到生活方式，炫耀性消费的对象也变得更加广泛。迈克尔·卡罗兰于 2005 年指出一个新的现象：人们在炫耀性消费时不再展示控制物质资源的能力，而是展示控制自己身体的能力，如保持苗条的身材。[2] 不变的是，特权阶层始终通过消费或拥有其他人无法获得的一些东

---

[1] Thorstein Veblen, *The Theory of the Leisure Class* (Oxford Oxford University Press, 2009).

[2] Michael Carolan, "The Conspicuous Body: Capitalism, Consumerism, Class, and Consumption," *Worldviews* 9, no.1 (2005): 82-111.

西来追求"社会差异"。这个概念由法国学者皮埃尔·布尔迪厄提出,指一个社会群体使用明显或隐蔽的策略,使自己不同于社会中的其他群体,并在这个过程中为本群体赋予更高的价值[1]。用更通俗的话讲,就是一群高社会阶层的人用低阶层不具备的各种社会文化资本来追求"我和你不一样"。

改革开放以来,中国社会经历了巨大的转型,过去用于评估和认可社会地位的文化规范已不再适用。因此,"消费成为获得文化和象征资本的主要渠道,也是获得和认证社会地位的关键"[2]。中产阶层业主通过消费生活方式来寻求在计划经济时代被否定和模糊的"社会差异"。居住空间是这类消费中重要的一项,中产阶层可以在那里展示生活品位,重新制定道德秩序,并创造属于自己的文化氛围。

正如我在前面章节中指出的,保安职业在诞生之初,所服务的商业体和住宅区是很尊贵的,但随着保安成为几乎所有城市小区的必备品,它不再是一种让中产阶层向往的资本。中产业主们不得不寻找更稀有的东西来追求自己的社会差异。于是,年轻高大的保安、守卫森严的大门、庞大的服务团队,这些目前只有少数豪华小区才有的配备便成了中产业主们的炫耀性消

---

[1] Pierre Bourdieu, *Distinction: A Social Critique of the Judgment of Taste* (Cambridge, MA: Harvard University Press, 1984).

[2] Li Zhang, *In Search of Paradise: Middle-class Living in a Chinese Metropolis* (Ithaca: Cornell University Press, 2010), 9.

费对象。

2018年6月,文武公司决定从保安中提拔一些人成为新项目的队长,被提拔者只需要满足两个要求:年龄在三十岁以下并且身高超过一米七五。这个告示在文武不同项目的微信群中传开,大地小区的保安们也看到了这一消息,尽管告示里只列了两个要求,当时保安队里却没有一个人符合。

为什么年轻、强壮的身体在保安行业中极受欢迎?

有人可能会认为,年轻的身体具备更好地阻止犯罪和保护业主的能力。然而正如我在前几章中指出的,这几年中国大城市的环境相当安全,保安的日常工作也不包括任何危险的任务,因此那些年迈、虚弱、患病的员工基本也能胜任。此外,按照文武的要求,保安没有义务在自身安全受到威胁的情况下干预犯罪或其他危险情况。

可能仍然有人会说,即使危险的情况很少发生,但年轻健壮的保安可以震慑罪犯,为业主带来安全感。这个观点诚然没错,但是工作经验、责任心和应变能力等等也同样重要。为什么这些要素在招聘和提拔的流程中几乎没有体现呢?过分强调年龄和身高的背后,自然还有其他的消费心理因素。我认为,保安服务已经成为一种炫耀性消费的对象,这个对象不仅限于保安的服务,还有保安的身体。

年轻高大的身体会成为炫耀性消费的对象,一个重要原因是它们"难得",尤其是在一个人口老龄化的社会里。此外,大多数非正式就业的保安来自农村或者欠发达地区的低收入家庭,许多人童年和青春期缺乏营养,导致个子不高,而高大强壮的身体意味着家庭对他们投入了更多资源,这在保安通常所属的阶层中更为难得。在这种背景下,中产业主对年轻、强壮的保安的渴望,与他们对奢侈品、稀有美食或尊贵体验的渴求一脉相承。

当安防科技、服务水平和建筑工艺都在不断进步且成本下降时,中上层业主已经不再满足于封闭式围墙、功能齐全的小区会所或者精心打理的小区绿化,因为对于新建的商品房小区而言,达到这些条件越来越容易。他们开始渴望那些可以在小区大门处展示的年轻、高大、健壮的身体,随着城市流动人口的减少、年轻劳动力的占比减少,它们变得越来越难得和珍贵。

一位朋友告诉我,通过观察保安,就可以判断该小区是否属于高档小区。如果保安年轻高大,尤其站姿看起来像退伍军人,那物业公司一定向他们支付了更高的薪资,这表明该小区业主的物业费不会便宜。对于一些老旧而便宜的小区,每户业主每月交的物业费用可能仅有10元,因此也只能雇用几名身体较弱的老年保安。2024年小亮也告诉我,现在还能招到A级别(即三十五岁以下)保安的地方,通常都是昂贵的别墅小区或者高端商务楼。

不同于物业员工,保安通常站在住宅小区的大门口,是业主和访客进入小区时最先看到的人,相当于小区的门面。因此,人们经常认为保安的外形和举止代表了小区的品位。一支年轻帅气、纪律严明的保安队可能会提高该物业的价值,反之,保安团队孱弱、邋遢的形象可能会和糟糕的物业服务一样,影响该小区的房价。住房对于大多数家庭来说是最大的一笔投资,业主自然不希望看到他们的财产价值被任何负面因素影响。因此,业主们追求年轻高大的保安并不仅仅是因为认为身体健壮的人更有能力保护他们,更重要的是,他们认为一群年轻健壮且温顺服从的身体能比豪华会所或精心打理的绿化更好地展示小区业主的富裕和尊贵,并提升房价和业主的经济地位。

同理,中产阶层向往守卫森严的大门也不仅仅是因为安全。

大地小区的业主渴望配备更多的保安以及实施真正的封闭管理,经常在名义上把这类需求归于对犯罪的恐惧,然而,当我访谈数十位大地业主,询问他们最在意小区管理的哪三个问题时,他们几乎一致提到三个问题:群租;设施老旧,缺乏维护;停车位不足。

与他们深入交流后,我发现业主们渴望更多的保安守好大门有以下两个重要原因:

一是独享俱乐部商品(Club Goods)。格奥尔格·格拉斯认为,将安全顾虑视为封闭小区流行的主要原因其实把问题简单化了,因为守大门的安保服务通常是与其他服务和商品一起提供的。封闭小区的共享区域被视为介于公共区域和私人区域之间的"俱乐部区域",而小区围墙内的草坪绿化、游乐场、停车位、健身场地等设施被视作"俱乐部商品",只有付过费的居民才被允许使用。①

大地小区的业主们明确表示,他们希望有更严格的门禁防止外来人员蹭用大地内部的资源和设施。当我更仔细地观察保安的日常工作时,发现保安的职责尤其强调维护这些资源,并确保业主对这些资源的集体独占权。例如,车辆自动识别系统的设立是为了防止外来车辆抢占有限的停车位,而保安在门口值班主要是为了确保这个系统正常运行:维护秩序、例外放行,并阻止人为破坏。他们还在小区内的共享区域巡逻,留意有没有损坏和不可用的设施。

二是同质性和纯净性。严格把守的大门可以确保小区空间的同质性和纯净性。房产销售有一个规律:购买大户型豪宅的富有业主更倾向于购买纯大户型的小区,而不是大户型和相对便宜的小户型混合的小区。一方面是因为前者的居民数量更少,另一方面业主或许希望居住空间里的人都处于同一社会经济地位。自然,这样的小区应该远离来自"下层"——尤其是代表了贫困和欠发达地区的"被恐惧阶层"——的"污染",小区里

---

① Georg Glasze, "The Spread of Private Guarded Neighbourhood in Lebanon and the Significance of a Historically and Geographically Specific Governmentality," in *Private Cities: Global and Local Perspectives*, eds. Georg Glasze, Chris Webster, and Klaus Frantz (London: Routledge, 2006), 123-37.

不应混入群租客、小商贩以及来蹭设施的陌生人。严格把守的大门和人员充足的保安团队是实现小区纯净性和同质性的必要条件,人们普遍认为,豪宅的安保更严格,反之亦然,安保越严的小区房产就越尊贵。

然而,在人口密集的大都市中,"真封闭"的愿望只有少数人口密度足够低、保安团队足够大的小区才能实现,于是,它和保安年轻高大的身体一样,成了一种能带来社会差异的"文化资本",成为中产阶层追求的尊贵象征。正如学者卡尔代拉指出的,小区大门的象征意义,已经从"封闭、隔离、限制和监控"转化为"社会地位的象征"。①

维布伦指出,炫耀性消费的本质在于浪费时间和资源。② 那些在每栋楼配备一名专职管家的小区往往以大户型为主,户数和居民都相对较少,人口密度很低。这些管家的日常工作量往往是不饱和的,特别在大部分业主出门工作的白天,他们大多数时间处于"待机"状态。但他们的时间不能挪作他用。维布伦指出,休闲阶级为炫耀性消费购买了服务人员的时间和精力,要求他们遵循一套"很烦人但又完全不可避免的"礼仪。那些高端小区中的保安或者管家需要遵循着装规定和礼仪,譬如以敬礼或者"您好"来问候进进出出的居民。哪怕无所事事,他

---

① Teresa Caldeira, "Fortified Enclaves: The New Urban Segregation." *Public Culture* 8, no.2 (1996):303-28.

② Veblen, *Theory of the Leisure Class*.

们也不能离开片刻，不能看手机，只能原地浪费已经被业主付费购买的时间。

一些物业公司从经营的角度考虑，想要通过缩减人手来提高员工的工作量和效率，但这样的举动往往会遭到业主的强烈反对。一个管家负责两三栋楼就不能很好地履行原本的职责吗？这往往是业主反对的理由，但真实情况未必如此。业主们绝对不会说出口甚至不一定能意识到的是，他们如此生气是因为作为业主的尊贵感大打折扣，是因为这种基于实用主义的、没有浪费的配置打破了炫耀性消费的根基，也缩小了他们和其他群体的社会差异。

为什么大地的一些业主对男性内保被女性楼管取代也感到不满呢？这些楼管通常由受教育水平有限也不具备技能的中老年妇女（五十到六十岁之间）担任，她们处于就业市场的最底端，失业率高，也是市场上薪资最低的劳动力。许多业主对这种改变感到不满，是因为这类劳动力资源的冗余剥夺了楼管这个职位的炫耀性意义。

有很长一段时间，大地因为"乱"和"杂"被人扣上了"贫民窟"的帽子，这种负面形象也导致大地的房价长期是附近所有小区中的洼地。而业主们想要一支高大年轻的保安团队、森严把守的大门，以及每栋楼都配备的大堂保安，一方面是希望减少"乱""杂"的局面，另一方面是希望豪宅标配的"炫耀性消费的资本"可以提升大地的档次，最终提升房价。

五.

许多社会认为炫耀性消费是不道德的。人们普遍认为，一个人对炫耀性消费的迷恋源于他/她的负面人格特征，如浪费、肤浅、虚荣和优越感，而炫耀性消费的流行则源于原有社会凝聚力的溶解和经济不平等的加深。

那么问题来了，如果炫耀性消费在道德上是被唾弃的，为什么仍然会在全世界流行？为什么拥有房产的中产阶层都向往住宅空间中的炫耀性消费行为呢？

这就不得不提到"恐惧"。

当业主们抱怨内保和管家人数的减少、保安的老龄化和看守松散的大门时，都是将自己的失望和愤怒阐释为对安全的担忧和对犯罪的恐惧。

一些学者认为，某些道德价值观反而会增加炫耀性消费。例如，当炫耀性消费的行为被赋予有关集体利益的道德价值观，如权威、忠诚和纯洁时，这种行为会变得在道德上是可接受甚至是可取的。在大地的案例中，起到这个作用的道德价值观正是"恐惧"。

自 1980 年代的经济改革以来，"恐惧"已经成为中国新兴中产阶层的热门话题。人们积极谈论着对各种事物的恐惧，如雾霾、食品安全、儿童拐卖等等。在西方社会，对暴力和犯罪的恐惧是业主想要建造小区围墙的主要原因；在中国也是同样的，有产阶层常常以"对犯罪的恐惧"为名，要求用围墙圈起自己购买的领地。

收入差距变大、经济的不确定性、社会凝聚力的溶解，以及阶级空间化，这些社会和经济因素都可能增加人们的不安全感。恐惧通常被认为是一种脆弱、无能和被动的情绪，是人人都避之不及的。为什么一些群体反而拥抱甚至热衷于恐惧呢？这或许是因为，"感到恐惧的人"比"令人恐惧的人"在道德上更占优势，他们被认为是无害且无辜的，而且恐惧的话题也可以加强这个群体内部的团结。

戴维·斯克鲁顿将恐惧视为一种文化模式，认为恐惧具备引导人们"确认和遵守强有力的价值观和规范"的社会功能[1]。乌尔里希·贝克认为，"在信任和对上帝、阶级、国家以及进步的信仰很大程度上消失的时代，人类共同的恐惧是建立新纽带的最后一个矛盾的资源"[2]。安东尼·吉登斯也认为恐惧是一种消极的道德，但可以作为社区焕新的基础[3]。

如我在前面章节所述，近三十年来才出现的新中产阶层内部存在异质性，而恐惧是他们能够相互分享的少数几件事之一。

---

[1] David L. Scruton ed., *Sociophobics: The Anthropology of Fear* (Boulder: Westview Press, 1986).

[2] Ulrich Beck, *Risk Society: Towards a New Modernity* (London: Sage Publications, 1992).

[3] Anthony Giddens, *Beyond Left and Right: The Future of Radical Politics* (Stanford: Stanford University Press, 1994).

恐惧成了他们获得认同、忠诚和归属感的一种文化资本。当"恐惧"被赋予了内部凝聚力、无辜和脆弱等意义时,它彻底改变了社会对此类"炫耀性消费"行为的感知和评价。

保安工作在名义上的功能是缓解业主的恐惧并保护潜在的受害者远离"危险"。通过扮演恐惧和脆弱的角色,中产阶层业主让对保安的炫耀性消费行为在道德上变得是可接受甚至是可取的。在这种意义上,恐惧成了一种可以合理化炫耀性消费的道德价值观,帮助业主实现他们的终极目标——保持资产价值和社会地位。

然而,需要进一步指出的是,尽管人们认为恐惧对于特定群体的内部团结是有益的,但它往往通过污名化某些社会经济群体来划分界限,可能会对整体的社会关系产生破坏性后果。

一些学者提出,恐惧不仅是一种个人内在感受,还可以是一种权利。阿维娃·布里费尔和倪迢雁基于对恐怖电影《糖果人》(*Candy Man*)的分析,指出在那个年代流行的恐怖电影中,那些感到恐惧的角色通常都是拥有独立屋或度假屋的美国中产阶层白人,情节是他们在搬家或度假中遇到可怕的事。两位学者提出恐惧和房屋所有权是不可分离的,只有拥有这两者的人才能被赋予尊严和合法性[1]。在此基础上,卡罗琳·汉弗莱进一

---

[1] Aviva Briefel and Sianne Ngai, "How Much Did You Pay for This Place? Fear, Entitlement and Urban Space in Bernard Rose's Candyman," *Camera Obscura* 37(1996): 71-91.

步认为恐惧本身就是一种财产,自动授予"拥有房产并具有中产阶层价值观的人"[1]。

许多学者注意到,对恐惧的感知和表达不一定与危险的分布相对应。很多生活在治安较差的城中村或危险街区的穷人反而很少表达自己的恐惧,或者因为自己的表达无人在意而慢慢放弃了这种表达。事实上,一个人身处的社会阶梯越高,就越可能产生一种强烈的"受害感"。因此,生活在最严密防卫的"堡垒"中且拥有最多安全资源的人往往受害感最强烈,也最善于表达恐惧。

在这种情况下,恐惧和受害者的角色都是由感知中的一种"会员制"所确定的。会员是指拥有房产的中产阶层,他们使用诸如"太可怕了"的语言来传播和复制恐惧,并进行社交;流行文化则用受害者的故事来唤起会员们的"眼泪、喜悦和共情的情感体验"。[2] 同时那些生活在更高危险和犯罪风险中的人,例如"被恐惧阶层",则被剥夺了进入"受害者俱乐部"的机会,他们的恐惧在大众传媒和流行文化中往往被忽视甚至被否认。

通过深入理解被恐惧阶层和恐惧者之间实际的权力关系,我们可以发现中产阶层业主对年轻高大的保安、森严把守的大

---

[1] Caroline Humphrey, "Fear as a Property and an Entitlement," *Social Anthropology* 21, no.3(2013):288.

[2] David L. Altheide, *Creating Fear: News and the Construction of Crisis* (New York: Aldine de Gruyter, 2002), 181.

门和庞大服务团队的向往,并不是完全基于对犯罪的恐惧,还基于在高速发展的社会中,他们对自己脆弱经济地位的深刻不安和恐惧。他们期望从封闭小区中获得的"安全"并不仅仅是人身和财产的安全,还是维护资产价值和社会阶层地位的安全。

第八章
我的群租房被"敲"了

我在大地小区熟悉的第一个保安是来自安徽省的杭静。他当时二十六岁,具有高中学历,是大地东区白班的班长。我最初参与几次打击群租的突击行动时,他都在场。结束后杭静会主动和我聊天,他对我的学习内容和工作充满好奇,我也试图了解他是如何来到上海成为一名小区保安的。

杭静告诉我,他2015年刚来上海时,并没有打算当保安,而是想和两个老乡一起做小生意。他们在江浙沪几个城市转了一圈,决定从浙江义乌进一批热销的小玩具到上海街头卖。三人白天在上海繁忙的路口和天桥上摆摊,晚上则合住在一个群租单元里。

天气好的日子里,不断有孩子和家长在他们的摊位前驻足,他们每天能有500多元的收入。然而好景不长,城管注意到了他们。开始他们还能通过"打游击战"来逃避惩罚,但后来被盯上后遇到城管的频率越来越高。最后一个月,他们的货物被没收了三次。经历了那个惨重损失的月份后,他们决定放弃这项买卖。

两个老乡决定到杭州去碰碰运气,杭静则选择留在上海,成了大地小区的保安。由于他年龄在三十岁以下,身高达到了一米七,很快被提拔为白班的班长。

不过,杭静对自己的生活现状并不满意。他曾对我说:"和几十个男人同吃同住,一年三百六十五天无休,这根本不是正常的生活。""我觉得自己每天在做的这些事情都特别零碎,毫无意义,完全是在浪费时间。看看那些老保安,如果我再不走,最后也会变得和他们一样。"我理解,这是一个聪明且有野心的年轻人对自己下滑的人生轨迹保持了警觉。在那次对话后不久,他就辞去做了一年的保安工作。

为了解他们的职业路径,我也会和离职保安保持联系,经常问问他们的近况。在离开大地后,杭静先回到安徽老家和相恋多年的女友结婚了,离他想要的"正常生活"又近了一步。2018 年的春节后,他开始在老家找工作,但在那个经济萧条的四线城市,他始终找不到一份薪水满意的工作,于是在婚礼五个月后,他带着新婚妻子返回上海,寻找其他收入来源。

有一天,我经过市中心新华路上的一个高档封闭小区时,看到外墙上贴着一张招聘保安的海报。它对保安的年龄和身高提出了严格的要求,提供的月薪是 5000 元,比当时大地保安的工资高出 800 元。我把海报发给了仍在找工作的杭静,因为他的条件符合招聘要求。

杭静很快回复道:"谢谢你。看上去不错,不过我现在对当保安没兴趣了。"听起来他下定决心要远离这个消磨人还没有前途的行业。

此后我再没有听到杭静的消息,直到四五个月后。那天,大地的一名保安在办公室说起,他在地铁上偶遇杭静了。令我惊讶的是,杭静最终又在另一个小区里当保安了。

杭静的人生经历总是让我想起小兵。为什么小兵并不符合当保安的条件,却总可以一次次找到办法回到这个行业?为什么杭静不希望成为保安,却一次次对现实低头,回到这个行业?

杭静的生活轨迹受到了城市"空间策略"的影响,而这种策略在一定程度上是被管理者和城市中产阶层的"恐惧"所影响的。本章通过讲述大地小区的"整治群租"运动来讨论这些空间策略如何影响杭静和其他"被恐惧人群"的生活轨迹,以及管理者和业主想要消除群租的原因。

一

当全国人口老龄化的情况日益严重时,许多二三线城市都制定了吸引年轻人定居工作的政策。例如,西安市公安局于

2018年3月宣布大学毕业生都可以在西安落户，手续非常方便，只需出示身份证和学生证；武汉市为新毕业生提供一系列吸引人的政策，包括房价打八折。2019年4月，中央政府发布了《2019年新型城镇化建设重点任务》，表明了鼓励农村人口向城市迁移的态度。根据该计划，常住人口不足300万的城市应取消所有户籍限制，常住人口在300万至500万之间的城市应完全放宽对新移民的户籍限制。

但是上海作为一座人口超过2400万的大都市，和其他一线城市一样，仍然限制人口规模。这或许体现了国家协调人口分布的意图：将劳动者从农村土地和一线城市转移到小中型城镇。

上海市政府于2016年制定了《上海市城市总体规划（2016—2040）》作为发展蓝图和指导原则。该规划宣布，为了缓解人口增长与自然资源之间的紧张关系，到2020年，上海当局将把常住人口控制在2500万以下；之后进一步提出，到2040年，也将把常住人口控制在2500万以下。2016年上海的人口为2467.37万，这意味着在接下来二十年里人口只能增加30多万。2017年，上海常住人口比2016年减少了一万多人。虽然这个数字比起总人数来微不足道，但下面的图表显示，2014年之后上海人口的增速趋于平缓，2015年、2017年、2022年人口还出现了下降。

每座城市都有许多方式选择性地控制某个群体的人口规模。2017年，北京市的一场大火造成19人死亡。在那以后，北京在

上海人口走势图

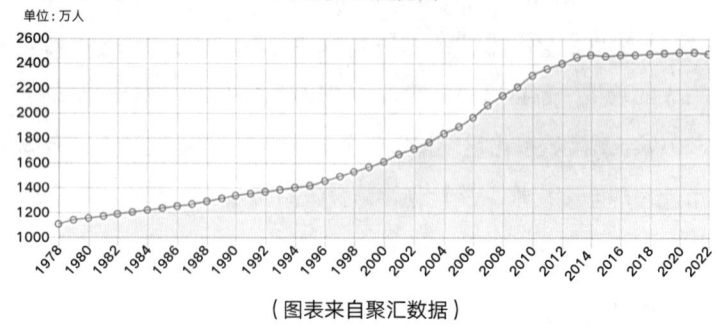

单位：万人

（图表来自聚汇数据）

全市发起了一场"排查整治安全隐患"运动。受影响的租客大多数是外来务工人员，这些人也常常被视为社会稳定的"隐患"。

上海市政府采用了另一种做法，用两个空间策略来实现限制人口规模、维护社会秩序和政治稳定的目标：首先，通过拆除违规建筑和禁止群租来限制居住空间；其次，清理街头摊贩。这两种做法显示出对被恐惧阶层的一种防御和控制。

随着1998年住房改革后住房价格的迅速增加，商业空间的租金也急剧上涨。曾在上海拥有三家烤鸭店的李云回忆，2003年上海繁华街道上一个小店面的月租金大约是3000元；然而到了2017年，同样的店面月租金甚至超过了30 000元。那些想做小买卖的城市贫困人口和流动人口无法承担高昂的租金，但又想利用上海街头热闹的人流，便会在路边摆摊，销售小商品或提供服务。

过去人们可以在街头买到各种小玩意儿，如玩具、服饰配件，也可以买到早点、水果和烤红薯，或者找鞋匠修鞋、理发师剪头发。这些小推车和摊位为市民提供了很大的便利，增加了城市的烟火气息，但也常常被指责阻碍交通、制造垃圾和破坏城市景观。

对于没有资金、人脉和学历的外来人口，在人口密集的城市空间做点小生意是他们为数不多的谋生选择之一。尽管做小生意也是一种非正式工作，但与在非正式雇佣相比，它更有希望带来社会阶层的流动。不少保安在采访中告诉我，当他们初到上海时，都曾打算在街头做点小买卖，就和杭静一样。

亨利·列斐伏尔将空间视为一种生产和统治的手段[①]。一些学者曾讨论过街头小贩如何在他们日常争夺社会权力的斗争中占用物理空间，并将城市空间的一部分变成自己的场所，以此来主张自己对公共空间和谋生的权利。但这种对公共空间的占用没有被许可，一线城市在前几年都采取了清理街头摊贩的行动，打破了许多像杭静这样的外来人口的梦想。

除了确保交通畅通和环境卫生，禁止街头摊贩还有许多原因，但这些原因通常在宣传中没有明确表达。首先，街头摊贩通常不交税，也不缴纳社会保险，这意味着他们无法以当地政府所期望的方式为地方经济做出贡献；其次，由于街头摊贩通常没有登记在册并且频繁移动，他们可以躲避与政府机构的接触，

---

① Henry Lefebvre, *State, Space, World: Selected Essays* (Minneapolis: University of Minnesota Press, 2009).

政府很难监督他们的活动并追踪他们的身份。因此，如果他们所售的商品出现任何安全问题，或者他们的行为造成社会治安问题，就没那么容易再找到他们。

上海对空间的严格控制有效地压制了外来人口对空间的"争夺"。失去谋生来源但仍想留在上海的人们不得不去制造业、建筑工地或服务业寻找就业机会，而这些领域往往只能提供低收入的非正式工作。

在1970年代，中国约80%的人口生活在农村，但到了2022年，超过65%的总人口居住在全国各地的城镇。从农村搬到城市的人们会住在哪里？在1990年代初期，几乎所有城市住房都归国企事业单位拥有并分配给员工居住，城市新移民中约有40%"住在其他市民家中"，包括"在城市郊区租用农民的住房"；20%住在宿舍；20%住在民宿和地下旅馆；剩下的20%住在"各种其他地方"，包括火车站和桥洞下。这些非正式居住方式也阻碍了移民过上"正常的城市生活"。[1]

到了21世纪，城市流动人口的居住选择越来越少。在过去二十多年，许多"农民工"和低收入群体聚集的城中村陆续被拆除，为住宅、商业和休闲空间让路，例如大地就建在上海

---

[1] Dorothy J. Solinger, *Contesting Citizenship in Urban China: Peasant Migrants, the State, and the Logic of the Market* (Berkeley: University of California Press, 1999), 133-34.

市中心最大的棚户区旧址上。根据2012年的数据，超过40%的"农民工"认为租金已经超过他们的承受极限①。由于租金增长远远快于工资增长，越来越多的非正式经济雇主开始为员工提供宿舍，以便能够在保持低工资水平的同时雇到足够的劳动力。2010年后，上海的被恐惧阶层主要住在三类地方：雇主提供的宿舍，包括建筑工地上的简易工棚；里弄和石库门的违章建筑内；封闭小区内的群租单元。

他们许多人在服务业工作，例如当快递员、服务员、垃圾收集员、维修工、外卖员、家政人员、保姆等等，所以在寻找住所时，首要考虑的是离工作场所和客户近。一些本地人会在他们位于市中心的里弄和石库门房屋上私建额外的空间，出租给更在意价格和距离而非居住条件的低收入外来人口。位于一楼的违建空间不仅可以用来居住，还可以做小生意，例如向附近居民卖早餐。但在过去的十多年里，大多数违规建筑已经被拆除。

违规建筑和城中村的拆除使得"农民工"在城市中的居住选择越来越少，他们纷纷转向群租，但中产阶层业主和政府机构也联手打击群租。当所有可负担的居住选择都被清除时，这些人只能离开城市或寻找提供宿舍的工作。

上海采取的这两种旨在控制人口规模的空间策略符合那几

---

① 单菁菁：《中国农民工市民化研究》，北京：社会科学文献出版社，2012年，第6页。

年政府的整体计划：引导人口从一线城市向三四线城市转移。做二房东生意的大朱也同意这一观点。他管理着上海不同小区约200个群租单元，近几年看到越来越多的年轻人搬到郊区居住或彻底离开上海。他认为大地的居民减少不仅是因为整治群租，还因为整个社会环境对精英移民之外的流动人口并不友好。

"咱国家不会只允许上海和北京腾飞而不发展小城市，"他说，"上海现在采取的这些措施都是为了留住精英人才，赶走'低端人口'。那些年轻的劳动力要么去小城市找工作，要么回老家，这对人口少的小城市的房地产市场来说是个好消息。"

二

2010年之前，我曾在上海生活和工作多年。根据我作为居民的观察，群租房是在21世纪初上海租金和房价快速增长的过程中出现并发展起来的。在2010年之前，大多数群租房没有隔断，房东或二房东在卧室和客厅里放置了许多上下铺，每张床每月收取600到800元的租金。在市中心的封闭小区中，一些两居室单元甚至可以容纳二十多个互不相识的人。

2010年后，随着租金上涨，那些低收入流动人口要么住进了集体宿舍，要么离开了上海，能负担群租租金的多是一些有正式工作的外地人或者大学生，他们更注重隐私和居住条件。于是房东或者二房东也顺应市场，将群租房分隔成许多小单间，并将每个单间分租给个人或朋友/情侣/夫妻。这些房间非常小，有的只能放下一张单人床。每个房间条件不同，租金差异也很大，可以满足不同人的需求。在 2018 年左右，大地一些非常拥挤的群租房单间的月租金大约 1000 元，而条件较好的单间则高达 4000 元。

自 2015 年起，上海政府制定了 N+1 政策（N 代表卧室的数量）来定义群租房。根据该政策，合法的单元除了原有的卧室，最多只能再有一个卧室，并且只能位于大于十二平方米的客厅中；在平面图中规划为厨房或卫生间的空间，不允许任何人居住；每个人的平均面积必须超过五平方米。任何违反上述政策的租赁形式都被视为群租房。

在业主的要求下，包括房管局、当地公安局和街道办事处在内的政府机构会定期在不同的封闭小区进行群租房突击行动。他们通常会在收到业主的投诉后将群租房的地址放入候选清单中，有时等待时间长达几个月。突击队离开后，二房东很可能会恢复被砸掉的隔断。若想让突击队重新上门检查，可能还需要等待几个月。这种断断续续的突击行动无法有效打击有着巨大的市场需求且利润丰厚的群租行业。

大地小区被认为是上海群租房比例最高的小区之一。21 世纪初竣工时，许多购房者是来自温州和附近城市的炒房客，他们将房产长期交给职业二房东出租，期待未来房价大涨后可以出售获利。二房东通常以较低的价格从房东那里租下整个单元，为了利润最大化，他们会用隔板将它们分隔成许多小单元，以廉价的租金招揽租客，从而赚取差价。一些二房东手中掌控着数百套房产，每年能赚数百万元。大地的二房东主要来自其他省份，他们分为不同帮派，每个帮派内部的人沾亲带故。业主们将污染、噪音、设施老化和火灾等问题都归咎于群租现象，因此经常和二房东发生冲突。

许多业主谴责泽信没能有效抑制群租，便自发组织起来打击群租。最常见的手段是利用维修基金来安装门禁、梯禁系统等，并限制每个单元的门卡数量。此外，这些楼栋通常还会锁住楼梯间，防止没卡的人走楼梯上楼。为了防止人们互借门卡、梯卡，一些退休的业主自发组成了安保队伍，日夜坐在大堂里监督刷卡的人群。

上海媒体2013年曾报道过大地的一起暴力事件。有一天，几名业主注意到两名女子共用一张门卡进入大堂，立刻拦住她们盘问。这两名女性确实是群租的租客。她们被堵在楼下回不了家，只能打电话求助二房东。很快，五名二房东赶到，殴打了那些值勤的年迈业主，并砸掉了大堂里的桌椅。警察随后赶到，拘留了那五名二房东。

那次事件以后，物业公司与政府机构合作，加大了对群租的打击力度，在一段时间内频繁突击。但当时直接受雇于物业的本地保安并不参与突击行动，人手不足限制了这些行动的频率和强度，使大地小区的群租从未被根除。相反，当整治暂停后，群租卷土重来，并在 2016 年达到了顶峰——有物业员工声称当时东区将近一半的单元都是群租。

泽信公司的一位领导估计，2016 年可能有超过七万人住在大地小区，平均每户住着七个人。一些居民和保安向我描述了 2017 年之前小区上班高峰的情景——每个电梯里都像沙丁鱼罐头般挤满了人，居民走出小区大门时，不得不互相推搡着前进。

在业主的施压下，街道办事处、四个居委会以及物业管理公司在 2016 年下半年开始了一场常态化的"敲群租"运动。为什么用"敲"字呢？因为租客签了合同、交了房租住在群租房里，并没有违反法律，整治队不能驱逐他们，但根据政策法规，在单元内分隔 N+1 以上的房间数量是非法的，所以运动能够整治的只是房子本身——他们通过敲掉这些单间隔断的方式，逼迫群租客离开。

周一至周四，每天上午八点到中午，突击队会上门检查那些被举报的单元，如果发现群租，就会用大槌子砸掉群租的隔断墙和门。每检查完一个群租单元，团队会在几周后跟踪复查，确保二房东没有恢复隔断。物业公司的领导发誓，只有清除群租单元后才会结束这场行动。

这场行动历时一年，是大地最严厉和最密集的一次敲群租行动，我于 2017 年进入大地做田野调查时，它仍在进行中。几个月后，我觉察到大地小区的居民数量的确变少了。据物业的数据，财产犯罪（主要是电瓶车失窃）也有所减少。当然，我们不能简单地把电瓶车失窃减少归因于这场行动，因为泽信还采取了许多其他安全措施，如在自行车库安装大门和在所有车库安装摄像头。

我在大地小区做田野的同时，也开始寻找大地的出租房。我先去了几家大地周围的房产中介，他们在电脑上向我展示出租屋的光鲜照片。当时市场上最便宜的一居室租金为每月6800元，超出我的预算。中介建议我找一个室友住客厅分担租金，但我身边找不到这样的人。

租房的那几天我暂住在亲戚的玉星小区内。玉星小区在另一个区，每天要乘坐地铁往返通勤近三个小时，这让我找房的心情更加急切。我每天走向大地的大门时，总会在路边看到地上摆着几十个书本大小的硬纸板，上面用记号笔歪歪扭扭地写着："卧室租金：1200~2600，拨打××××（手机号码）"，但周围却不见人影。我立刻意识到，这些都是群租房。

为什么不试试群租呢？我当时问自己。如果我能住进群租房，了解那些群租客是什么人，可能对我的研究更有帮助；但另一方面，我正代表物业参与敲群租，万一被物业同事发现我在群租，或者某天自己租的房子被保安突击，我可能颜面全无，甚至会遭到物业经理的批评。我犹豫了好几天，当实在找不到价格合适的整租房后，我才明白此时唯一的选择就是群租了。

我当时已经参加了几次群租突击行动，每次都会有两三个二房东跟着,这是居委会要求的。虽然保安拿榔头和大锤要砸掉的就是二房东们的群租房,但这些二房东却敢怒不敢言,只希望自己的顺从能给居委会领导留下好印象,砸的时候可以手下留情。突击行动之后我与几个二房东交换了联系方式,当我说想找群租房住时,他们都被逗乐了,因为他们早已把我视为物业监督敲群租行动的代表。一开始没有人认真对待我的请求,直到我提了好几次,他们才确信我不是物业的卧底。

接下来两天,有三个二房东让我坐在电瓶车的后座上,带着我在大地内部四处转悠,给我展示可供选择的房间。最终,我选中了一套群租房里的主卧。这个主卧的二房东二十多岁,来自江西,我过去也经常看到他骑着电瓶车在小区出没,包里总是随身带着两串巨大的钥匙环。

这间主卧的月租金为3600元。它所在的群租房原本是个两室一厅两卫,但客厅已经被隔成了两个卧室,只剩一个狭窄的走廊。主卧有独立的卫生间,房间内还有空调、书桌和衣柜,看起来很干净。另一个卧室内住着一个年轻男子,两个隔出来的单间中,一间住着两个女孩,另一间住着一个女孩。也就是说,整套房子共有四个房间,住有五人,他们四人共享一个洗手间,我和他们共享厨房。不得不说,这套群租房在我见过的群租房中算条件优越的了。我选择它的另一个原因是,我在东区的物业办公室上班,而这套房子位于柯鑫负责的西区,这样我至少可以避免哪天跟着整治队突击了自己住的房子。

三

大地小区的突击行动持续了一年多。其他小区的敲群租行动没有持续，是因为公安部门和城管部门的人员在没有任何奖励或补偿的情况下，无法长时间维持高强度、高频率的行动，而大地小区的保安团队却能够做到这一点。这些保安是文武或柯鑫的员工，尽管打击群租并不是这两家民营保安公司的服务范围，但由于命令是街道通过物业公司下达的，保安公司不能拒绝。

突击行动通常由居委会主导，负责人随身携带的笔记本上密密麻麻地写满了群租单元，几乎都是业主举报的。有些热心的业主，特别是一些退休老人，会留心观察哪层楼搭乘电梯的人突然增多，并悄悄尾随，查看这些人从哪个单元出入。

当整治队到达一个单元门前时，负责该单元的二房东会被叫来拿钥匙开门。二房东别无选择，否则整治队叫锁匠来强行开门，可能会破坏门锁。迅速看一圈后，负责人会决定哪些部分应该拆除。我见过的最糟糕的群租单元是一个一百一十平方米的三居室，被胶合板分隔成十二个单间，大部分单间都非常小，只能容纳一张单人床，有些小床上还睡着两个人。租客必须通过一个狭窄而黑暗的走廊进入各自的单间，中间的几个单间没有窗户。一个戴眼镜的男子住在厨房里，他的床紧挨着燃气管道。单元中唯一保留的共用卫生间肮脏不堪。

二房东很可能会复原被保安拆除的隔断墙，因此负责人要求保安销毁这些用于隔断的材料。保安将单间简陋的木门拆下来搬到楼梯间，用大槌和榔头将它们砸碎。有时负责人甚至会要求二房东亲手销毁这些物品，以显示他们不会复原群租房的决心。保安在突击行动中的行为——敲掉非法隔断墙和门，拆除电线和网线，破坏家具——颇具争议，甚至有些暴力。二房东对此非常不满，却又无可奈何。

他们私下向我抱怨，他们为装修、家具和招租广告都支付了很多成本，通常还和房东签订了至少一年的合同，所以每次单元被查都会让他蒙受很大损失。然而他们必须在整治运动中表现出合作的态度，因为他们知道这个运动是由基层政府组织牵头；另一方面，他们愿意跟突击队一起行动，是因为他们也想知道哪些群租单元已经暴露，以及突击队对单元内部造成了多大的破坏。我所见的突击过程都很顺利，无人阻挠，在现场的二房东嬉皮笑脸地求饶，租客们则默默地看着自己的单间和家具被砸掉。

负责人带领的保安队通常一次可以突击不同楼里的三十个单元。第一次参加突击那天，我穿了一双低跟皮拖鞋。当时的班长杭静带我去找突击队时，看着我的鞋子皱着眉头说："明天你最好穿一双更舒适的球鞋来。"我向他保证这双鞋子不会有问题，因为我有时穿着它通勤，从地铁站到玉星小区那段路每天往返要走一个小时。

然而我错了。大地小区的面积极大，从一栋楼到另一栋楼总是需要长时间的步行。行动队通常健步如飞，我也要跟着小跑。而到了楼里，为了节省时间，他们常常选择爬楼梯而不是等电梯。经过四个小时的疾走和站立，我的双脚磨出了水泡。

整个团队在经历了一个漫长的上午后都筋疲力尽。居委会的人曾对那些二房东抱怨道："我知道你们讨厌整治，说实话我也讨厌啊！你们瞧我都瘦了多少斤了。要不是你们一而再地复原，我们的整治早就结束了。"

保安承担了突击行动中所有的体力劳动，团队中其他四人——街道办事处的人、居委会的人和一位中年男子，还有我——都只是在那里监督保安的工作。街道办的女士总是全程戴着口罩（疫情前戴口罩的人还比较少见），因为她不太适应群租房内的空气。繁忙的早晨结束后，保安们就回到他们日常的工作岗位上，没有机会休息。无论多么疲惫，他们每天都必须坚持完成辛苦的例行工作。

我从来没有听到过保安们抱怨劳累。这或许是因为，在整治运动开始时，为了动员这些保安积极参与，街道办事处的工作人员口头承诺，参与的保安每人每天将获得50元的奖励。这些保安对此非常兴奋，希望自己能够参与更多的突袭行动，多赚些外快。日复一日，突击行动逐渐变成了保安团队的例行工作，但街道办事处或泽信再也没有提过奖励的事情。

可以说，如果没有这支非正式就业的外地保安团队，大地小区这场行动绝不可能高效地执行，甚至不可能持续。然而运动结束一年多后，街道办事处仍未兑现承诺，包括杭静在内的许多保安直到离开大地都没有收到过报酬。

我作为泽信物业的代表参与了东区的突袭行动，与此同时，我作为群租房租客也亲身体验了被突击的滋味。一天早晨大约八点，我还没起床，就被大门上的"咣咣咣"巨响吵醒。我打开卧室门，看到另一个卧室的两个女孩也走了出来。她们看起来非常害怕，问我："出什么事了？"

此时，整治运动已经结束三个月。泽信的领导曾公开宣布，在经过一年的整治后，大地的群租房数量减少了70%至80%。"我们取得了显著的成功，但依然还有一场长期的仗要打。"他在开会时说道。尽管突击行动的队伍已经解散，但泽信如果收到业主的投诉，仍然会派保安去检查并拆除群租房。我住的单元幸运地逃过了整治运动，我心感侥幸，以为它永远不会被查到，但没想到这一天还是来了。

大门被外面的人打开，十几个人浩浩荡荡地走了进来，挤满了狭窄的走廊（原本是客厅）。两名泽信女员工和五名柯鑫的保安身后跟着几个人，包括两个表情凝重的二房东和这栋楼的几个业主。因为我在泽信的东区办公室工作，所以西区办公室的员工不认识我，我也没有打算让她们知道我与泽信的关联。

一名女员工趁我穿着睡衣站在房门口围观时偷偷看了一眼我身后的卧室，问："你这间租金多少？""3600元。"我回答。

"可不便宜。"她喃喃自语。

客厅被隔成两个卧室违反了规定,他们决定拆除租客刚好不在的那间卧室。接到命令后,保安立刻动手敲掉这道单薄的隔断墙。十五分钟后走廊便变得一片狼藉,地上堆满了大大小小的碎片。小卧室的内部,包括女租客挂在窗上晾晒的内衣裤,都暴露在众人面前。

一位年长的女子可能是告发者,对这个结果并不满意。她指着另一个房间,即那两个女孩合住的地方说道:"噪音应该是从这个房间的位置传来的。"我猜测,她是住在楼下的业主。

"我们不能拆那个房间了,"泽信西区的工作人员向她解释道,"上海的政策允许每户在客厅里多隔一个卧室。"那位女业主只能怏怏作罢。

人群全都撤离后,那两个二房东很快又折返了。他们二话不说,立即动手修复被拆掉的隔墙断和门。令我惊讶的是,仅仅半个小时,一切都恢复如初。住在这个房间的女孩两天后回来,甚至没有注意到她的单间被拆除过。

在这次行动中,柯鑫的保安和泽信的工作人员对租客比较礼貌,这很大程度上是因为这个群租房的条件要好过其他一些单元,他们知道这个单元的租金不便宜,租客可能不属于被恐惧阶层。

群租房里的租客各式各样,甚至还有外国人。在整治期间,东区的突击队曾上门复查一套在两个月前被砸过的四卧大户型，因为楼下业主投诉上面又恢复了群租，就连阳台上都住了人，经常往下漏水。经核实，那个二房东没有再将它分割群租，只是按 N+1 政策在客厅多保留了一个卧室。为了提高每间的租金以弥补房间数量上的损失，二房东将五个卧室装修得很时尚，分别对外租 3000 到 4000 元不等的价格。最终入住的是五个女生，打开房门，可以看到里面有齐全的网络直播设备。

其中一个卧室里住着一位二十多岁的黑人女模特，她提出的唯一要求是有自己独立的淋浴间。为了满足她的需求，二房东在她卧室外的阳台上又搭建了一个浴室，因此水才漏到了楼下。居委会的人上门时要求这位女模特停止使用浴室，发现她不懂中文，希望我来翻译，整个过程他都表现得非常有礼貌。

在大多数情况下，群租房的条件越恶劣，突击队的态度也越粗鲁。在条件差的群租房里，保安会大力敲打卧室门，甚至不顾里面的人还在睡觉，便动手拆除卧室的隔墙。从街道、居委会的工作人员到保安，几乎没人和卧室里面的租客对话，仿佛视他们为空气。

一个闷热潮湿的夏天上午，队伍突击了一个没有空调的群租房。内部空气不流通，温度极高，每个保安都大汗淋漓。打开其中一扇门，两个二十岁左右的男子只穿着内裤，躺在各自的小床上睡觉。负责人往里面张望了一眼，没有和两个男子进行任何交谈，转头命令保安剪掉他们的床垫。听见这个命令后，两个年轻男子仓皇地从床上跳起来，穿上长裤。一个保安拿出手机拍照,记录他们的成功工作。两个赤裸上身的年轻人沉默地站在房间角落,漠然地看着床垫被剪烂。

透过其他单间宽大的门缝,我看到其他租客,包括年轻女性,全都衣衫不整地躺在床上,有些在睡觉,有些在玩手机。他们既没有对走廊里的混乱和嘈杂感到好奇,也不试图抗议、抱怨或提问。

为什么群租客在自己的隐私和尊严被侵犯时如此麻木?

答案可能藏在城市的居住文化中。

四

有天在办公室闲聊时,一位泽信女员工问我住在哪里,我本能地撒了一个谎,说我仍然住在玉星小区,其实当时我已经入住群租房两个月了。事后我反思了自己当时的心情。虽然因为政策原因我确实不方便如实交代,但真正让我自己不适的是,我在听到这个问题时所感受到的紧张和局促。这种租房形式让我感觉在物业的同事中间低人一等,原因也很明显:群租不仅在政策上被禁止,还在整个社会的居住文化中被污名化。基于这一点,我们或许更容易理解那些群租客所表现出的"淡漠"和"麻木"。

尽管这些群租客具有不同的社会背景和职业,但城市文化将群租单元描绘成隐藏着许多非法分子的可怕窝点,并将群租租客描绘成低收入、低素质、犯罪比例高的劣势群体。针对群租的宣传和行动也往往带着这种基调。大地的大门口挂着一块醒目的红色横幅，上面写着"彻底消除安全隐患，坚决取缔非法群租"。

这个口号试图将安全隐患与群租联系起来，"非法"这个词虽然定性的是群租房，但群租客很容易感觉是在定性自己。"安全"这个词的范畴很大，有人认为群租，特别是极度拥挤的那种，会在一个单元内拉很多电线，容易引发火灾；还有人认为群租的手续很马虎，租客中可能藏着一些潜在罪犯和逃犯。一些保安也对群租客有相似的看法。保安周勇告诉我，警察曾经在一个群租单元里逮捕了三个小偷。虽然孤例不足以成为概论，但群租作为一种廉价居住方式，逐渐成为一个用来识别、归类和贬低人们的标签。

除了可能引发火灾以及犯罪问题，有些业主还认为大地发生的自杀事件大多与年轻的群租客有关，因为他们离家远，且在经济和情感上更加脆弱。

在大地居住的群租客必须非常小心谨慎。他们从二房东那里学到的第一条规则是，除非是你认识的人来敲大门，否则不要开大门，这主要是为了防止一些业主窥探单元内部。这也解释了为什么即使有租客在家，突击队也需要使用锁匠或者二房东的钥匙才能进入。其次，如果设施出了问题，租客不能向物业求助。二房东要么自己动手修理这些设施，要么请人来修理。第三，租客应避免向保安或警察求助，以免让群租单元曝光。

一天晚上,年轻人小李到新朋友小张在大地的群租房做客。然而在进入房间后,小张透露自己是同性恋,并试图与小李有性接触,小李震惊之下匆忙离开了群租房。到大地的大门口,小李才发现把手机忘在群租房里了。他试图回去找手机,但发现自己刚才没留意小张的房间在哪一层楼。小李一边打电话报警,一边寻求保安的帮助,保安通过监控确定了楼层。帮助小李找回手机后,警察命令小张在第二天搬离群租房。小张很不服,辩称自己没有任何违法行为,警察只是简单丢下一句话:"群租是违法的。"两名保安猜测,那个警察只是以群租为借口驱逐他们不喜欢的人。

业主们有各种理由厌恶群租。群租客们在这些业主的眼皮底下度过每一天,并像地下游击队员一样生活,也感觉自己仿佛是城市空间中的低等公民。在经历了如此多无礼和霸道的突击之后,他们逐渐"习惯"了这场运动。沉浸在一种将群租描绘为"威胁中产阶层业主福祉和安全"的文化中,这些租客自己也开始相信,他们的存在"污染"了社区。他们感到自己不受欢迎,尽管支付了租金,也不具备在这个领地里居住的资格。因此,当他们被业主阻止回家或者在突击中遭到不合理对待时,他们极少会为自己的权益抗争,更多表现出回避、胆怯和内疚的态度。

据我观察,群租客来自不同的省份,甚至不同的国家。由于大地的群租月租金从1000多元到4000元不等,租客的经济状况也大相径庭。他们有些人可能是刚来上海找工作或者失业的外地人，与陌生人合住一个 1200 元月租的小单间只用付几百元租金；还有一些人拥有体面的工作，住在配备齐全、带窗户的卧室。我曾经遇到在群租单元里生活的保安（为了和妻子同住而没有住宿舍）、人力资源助理、网络主播、家政工人、航空公司员工和银行出纳员……他们的教育水平和社会背景也各不相同，大多数人只有两点共同之处：外地人和中青年。

我的朋友阿凌如今是一家金融机构的中层管理人员，在上海拥有两套住房。然而他 2005 年大学毕业刚到上海时曾在一个群租单元里住了几年。他告诉我："从我的经验来看，群租的人还是以年轻的小白领居多，他们刚工作，拿不出买房的首付款，也不想将一半以上的工资拿来租房。十几年前，'农民工'很少会住群租房，他们主要住在城中村。这些地方被拆除后，他们现在大多数住在雇主提供的宿舍里。"

他的说法与我从观察和采访中收集到的信息相符。条件较好的群租单元的租客大多是单身的年轻白领，许多是来自其他省份中产家庭的大学毕业生。以我所住的群租单元为例，住在曾经被拆除的那间房里的是一位二十三岁的江西女孩。她刚刚大学毕业，准备去英国读硕士，趁暑假在上海参加一个英语培训班，便找了这个 2000 元的群租单间。她说："我现在还没有收入，也不想花太多父母的钱来付房租。"另外两个共享一间卧室的女孩都是大四学生，在同一家公司实习。她们每月的实习工资只有 3500 元，而这个单间的租金要 2000 元，她们无法独立负担，只能住在一起。

另一间卧室住着一位会计师，税前月薪为 8000 多元，房租为 2600 元。他告诉我，由于无法承受上海的房价，他最终会离开上海，找一个更舒适的小城市，过质量更高的生活。

我住在有独立卫浴的主卧，租金是 3600 元。在不空置的情况下，二房东每月可以从这套房子中收到 10 200 元租金。假设不把这套房子群租，二房东要赚取同样的利润就只能把三间卧室的月租金各增加 700 元，以弥补放弃第四间的损失。那样一来，这些尚处于事业初期的年轻人很可能会负担不起租金。如果他们无法在上海找到其他负担得起的居住选择，便不得不离开这座大都市。

住在群租单元中的"被恐惧阶层"并不像一些业主以为的那样多。做田野调查时，我经常遇到小餐馆的服务员、小按摩店店员、小发廊的理发师等服务业员工，并问他们同一个问题："你住在哪里？"几乎所有人都回答住在宿舍里。这表明在非正式经济中，提供免费住宿已经成为雇主的常见做法。反之，是否提供宿舍也成为外来打工者寻找工作时的首要考虑因素。

总而言之，随着上海房价和租金的持续上涨，无房外地人的生活质量也一天天变低——非正式经济中的打工者从城中村和群租房搬入免费宿舍，而那些刚入职的小白领则从普通租房中搬入群租房。

五

保安在敲群租行动中扮演着不可或缺的角色，但讽刺的是，一些参与打击行动的保安本身也住在群租房。张伟来自吉林的农村，今年四十八岁，已经在大地工作两年了。他妻子是一名小区保洁，以劳务派遣的方式为泽信工作，月工资仅为2550元，好在工作时间不那么长，她只在每天早上七点到下午两点工作，在下午和晚上可以为一些大地业主做保洁。

为了能夫妻同住，张伟和妻子都没有住物业提供的免费宿舍，而是在大地的西区租了一间房。当我问他这房间是不是群租房时，他避开了我的目光，支支吾吾地说："应该不是吧。"为了取得他的信任，我告诉他我住在一个群租单元，他听完后只是尴尬地笑了笑，没有发表评论。后来，一个和张伟熟悉的吉林保安告诉我，张伟夫妇住在一间非常拥挤的群租房里，每月租金为1500元。

我可以理解张伟的警惕。这些保安参与了这么长时间的整治运动，深知业主和物业的员工对群租有多么厌恶和轻视。他们甚至担心，如果泽信发现他们住在群租房，可能不会再允许他们在这里工作。在我分享了我住在群租房的事实后，保安李纳向我承认，他和在酒楼当服务员的妻子放弃了各自的宿舍，带着两个孩子住在一间群租房。当时正值敲群租行动如火如荼之际，李纳每天都提心吊胆，怕整治队会突击他们住的群租房，吓到孩子们。幸运的是,那个单元从未出现在行动负责人的小本子上。

近二十年来,住房商品化已经将上海的房价推高了至少十倍。随着土地价格飞涨,几乎所有的城中村和棚户区都被拆除,转型为光鲜亮丽的住宅、商业和休闲空间。

而在这个阶段,快速发展的房地产业并未顾及数量庞大的低收入外来打工者的居住问题。那些需要住在市中心、离雇主近的服务业人员,如保安、保洁、服务员、家政工等等,要住到哪儿去呢?以前在上海里弄等地方有居民搭建违章建筑,以非常低廉的价格租给这些外来打工者,而这些违章建筑在前几年被拆完后,这些人员的居住选择似乎只剩下群租,但群租也是明文禁止的,他们剩下的选项只能是寻找提供宿舍的工作。

需要说明的是,保安们在大地西区的宿舍比任何群租房都拥挤得多。宿舍只有两个大房间,每个房间有二十多张上下铺。当我在一个午后拜访时,一个大房间的门被锁上了,所有的夜班保安都在睡觉。许多夜班保安向我抱怨,由于生物钟的影响、室友的噪音和窗帘后面的光线,他们在白天很难入睡。

此外,四十名保安共用一个厨房和一个卫生间,使得公共空间的卫生状况很糟糕。尽管如此,许多保安告诉我,他们选择这份工作的重要原因之一是当天就可以搬进免费的宿舍,这是他们刚到上海时急需的。一个保安以骄傲的口吻说道:"我能比那些刚毕业的大学生存下更多钱。他们可能一个月挣6000

元,至少要拿出 3000 块钱付房租水电;我每月拿到手 4200 元,在住上面不用花一分钱。"

有一次,在收到业主的投诉后,我跟随突击队进入一个单元,看到一个吃惊的场景:在这个没有装修的两居室毛坯房里,没有任何隔断,而是摆放了十几套被褥。确切地说,除了三张床,大部分被褥只是直接放在水泥地板的席子上。整套房子里没有其他家具,包括桌子或椅子。有两套被褥甚至铺在了没有封闭的阳台上,让我不禁好奇下雨时他们怎么睡觉。

行动负责人与单元里的一位年长妇女交谈后才得知,这里的住客竟然都是为泽信工作的保洁,他们声称都是亲戚和同乡。换句话说,和泽信签约的保洁公司租下这个毛坯房,并把它当成宿舍提供给员工。由于这些人都在为泽信工作,书记希望我请教叶经理,该如何处置这个单元。

我告诉叶经理单元内部的情况后,她显得有些尴尬。后来她在独立办公室里告诉我,突击队不应该去打扰这个宿舍,因为它并没有违反政策。她说,只要没有不合法的隔断,以及人均空间大于五平方米,这个单元就不应被视为群租。她会警告这些保洁员工保持单元的安静和清洁,不要引起邻居的注意。

叶经理有意无意地忘记了 N+1 政策颁布之前的一个规定。2014 年的规定大致如下:一、房东或二房东只能向租客出租一间卧室而不是床位;二、每个房间最多只能容纳两个人,除非额外的人是合法的看护人员。为了提供员工宿舍,雇主通常会在一个封闭小区租下一个两室或三室的单元，每个卧室放四到六张上下铺，让同性别的员工住在同一个房间里，而2014年的规定明确禁止了这种形式的宿舍，以及没隔断的群租房。

根据2014年颁布的规定，再加上白领租客更注重隐私和安全感，让二房东们利用政策漏洞"发明"了新的群租形式——使用隔断将每个床位分开，使每个租客都有自己的房间。由于这种新形式的群租很快在封闭小区中蔓延开来，上海和北京才于2015年颁布了N+1政策，禁止使用那么多隔断。

如果将2014年和2015年的规定结合起来看，群租和宿舍都是非法的。由于宿舍和群租单元有明显的相似之处，业主们将它们视为同一回事，一律向泽信举报。然而，执行规定的基层组织（如居委会和街道）和物业管理公司只参考N+1政策，对宿舍睁一只眼闭一只眼，理由是"始终遵守政府的最新规定"。

泽信物业如此执法的动机是可以解释的。如果完全按照2014年的规定，即每个卧室只允许两个人居住，那么就要为这些清洁工和保安租更多的单元，而这将大大增加成本支出。

街道办事处和居委会的工作人员也知道选择性执法和宿舍的存在。为什么他们努力禁止群租，却对宿舍睁一只眼闭一只眼呢？就加重小区设施的负担而言，宿舍内住的人数并不比群租房少；就租客自己的生活条件而言，许多宿舍的条件比群租单元还要糟糕；就住客的社会经济地位而言，宿舍的居民几乎都属于"被恐惧阶层"。

一个原因或许是：住在群租房里的租客不仅经济上不稳定，而且过于流动和匿名，无法进行有效的监控和管理，但住在宿舍的员工通常在雇主那里有实名登记，并且和同事保持着社交联系。二房东在签订合同时比较马虎，很少会核实群租客的身份。譬如在我签订合同时，对方要求我提供身份证号码，但并未要求看我的身份证，即使我给了错误的号码他也不会知道。一些群租客频繁搬迁，和同单元的住客彼此并不认识，也无交流。因此，一个失业的群租客可能与户籍制度、雇主、同事、室友以及居委会都没有联系，几乎在大城市中"隐身"和"匿名"，很难被纳入全景式监控。

六

群租问题已经成为大地小区业主们最头痛的问题。为了将群租客赶出家园，他们采取了各种手段，包括给电梯安装梯禁系统。这些手段都是以安全为名，将财物失窃和失火问题都归咎于群租，并表达自己与这些危险人群近距离相处的担忧。除了犯罪问题，业主们还认为群租客的素质较低，不关心公共设施的维护，且人数多，会造成设施的损坏和老化以及公共区域卫生状况的恶化。

随着对话的深入，我发现最困扰业主们的其实不是群租客可能导致的犯罪率，而是群租可能引起的房价下跌。群租客的社会经济地位以及与中产业主不同的生活方式让业主认为他们威胁到了小区的纯净性和同质性，而这一点对维护小区的声誉至关重要。正如一些业主所说，正是因为群租造成的"混乱、不安全"的坏名声，导致大地小区的房价过去十五年来增长速度远低于周边小区，这表明从财产保值和投资方面而言，在大地购买房产是一个错误的选择。房屋对大多数中国中产家庭来说是最重要的投资，他们无法承受在房屋投资中的任何闪失。

群租损害了业主的经济利益，但在日常对话中，业主们较少提及群租客的社会经济地位，也较少将群租与他们对房价的担忧联系起来。相反，他们谈论的是群租客的危险性和"低素质"。"人口素质"这个词首次出现在1980年代的政府文件中，这些文件调查了中国农村的贫困情况，并将中国现代化的失败归因于其人口的"低素质"，尤其是在农村地区[①]。"素质"一词如今几乎体现在所有日常活动中，它是个体社会流动和国家发展中不可或缺的"文化资本"。"低素质"也常常被人用来贬低代表了中国内陆经济落后地区的"农民工"。中产阶层业主常常以群租人口素质低为由，要求驱逐他们，以实现同质性的空间。

如我在第六章讨论的，有产阶层被自动赋予了"害怕的权利"并被自动纳入"受害者俱乐部"，他们有权定义无产群体的他者性（otherness）。通过谈论犯罪、表达对犯罪的恐惧，他们

---

① Anagnost, "Corporeal Politics," 190.

详尽阐述自己的偏见,把某些群体自然归为危险的类别,让自己被人倾听。

为什么业主宁愿讲述一个害怕犯罪的故事,而不表达对自己经济地位的焦虑?这个逻辑简单明了。给某人贴上"你让我害怕"的标签,其实是一种削弱其力量的有力武器,相比之下,指责某人会给你造成经济损失则没那么有力。当业主指责群租客对自己小区的纯净性造成污染或对自己的经济利益构成威胁时,其实是将群租客放在一个经济弱势的位置,而在这个位置上,人们通常会感受到同情和善意。相反,宣称自己是害怕犯罪的一方等于抢占了一个值得同情和善意的弱势地位。从这种意义上说,"恐惧"对于业主反而是一种带有模糊性的赋权方式[①]。通过讲述对群租的担忧和害怕来要求禁止群租,他们可以在不失去"受害者俱乐部会员"和道德高地的基础上,缓解对经济社会地位的不安全感,并实现财富积累的目标。

---

① Humphrey, "Fear as a Property," 286.

第九章
天下没有不散的筵席

一

21世纪之前,中国几乎所有保安公司都是由政府创办和运营的。第一家至今仍在运营的蛇口保安服务公司是全民所有制企业,由警察张中方向当地政府借款10万元创办,而他本人目前仍在深圳市公安局工作。后来,政府允许物业管理公司从市场招募保安,但依然不允许民营资本进入这个行业。1999年中共中央办公厅、国务院办公厅下发的《政法机关保留企业规范管理若干规定》和2000年公安部颁布的《公安部关于保安服务公司规范管理的若干规定》,从国家政策方面规定了公安机关是保安服务业的行政管理机关,保安服务公司只能由公安机关独资开办,而公司负责人则往往由公安局中层干部兼任①。在这种意义上，公安局既为保安行业提供有偿服务，同时又进行管理和监督。

美国、日本、新加坡、韩国等国家在1970年代通过了监管民营保安业的法律。中国政府看到了市场的巨大需求和民营资本的优势，于2010年1月1日施行了《保安服务管理条例》。该条例详述了各种规章制度，同时默认市场向民营资本开放，从那时起，公安局的角色便逐渐从兼职的保安服务提供方转变为单纯的监管方。

保安服务业的市场化可以视为从1980年代开始的市场化改革浪潮的一部分，只不过比其他行业晚了很多年。根据2013年的数据，上海大约25%的保安服务公司是国有的，约75%是民营的。在四川省，国有与私营的比例为1∶4.3，江苏省为1∶3.6。公安机关在这个行业的占比迅速下降，最终的目标是和保安公司完全脱钩。

现有的国有保安公司通常不会和民营保安公司形成竞争关系，因为它们主要服务于政府大楼、银行、发电站之类资金充足的项目。"他们（国有公司）没兴趣接手小区项目，"文武的区域经理李明告诉我，"因为这些项目的利润比官方项目小得多"。

政府在发展保安业以缓解治安问题的同时，也满足了自身

---

① 张进红:《中国保安企业开展海外业务的法律与监管》,《重庆大学学报》,2015年第2期,第116页。

对维持社会稳定的需求。出于同样的考虑，《保安服务管理条例》对民营保安公司和其他雇佣保安的主体制定了非常详细的规范。

首先，公安部负责全国保安服务的监督管理工作，县级以上公安机关负责本行政区域内保安服务的监督管理工作。保安服务行业协会在公安机关的指导下，依法开展保安服务行业自律活动。

其次，自行招用保安员的单位，应当自开始或停止保安服务之日起30日内向所在地的市级公安机关备案。设立保安服务公司应向所在地的市级公安机关提交申请，市级公安局审核材料后应向省级公安机关报告意见，由省级机关决定是否发放许可证。

条例中对制服的规定很有意思。十几年前，小区保安的制服通常是深蓝色、军绿色的或迷彩服，并且模仿警察和军队的制服，在肩膀或胸前有五角星等徽章装饰，让人乍一看经常感到困惑：他到底是警察还是保安？这或许正是制服设计者想要达到的目的。

当保安在中产阶层居民中执行任务时，如管理违停车辆或阻止一些外来人员进入小区，他们面临的最大困难是缺乏威信。而制服是保安可以借用的威信和权力符号，有时可以帮助他们提高执行任务的效力和效率。有几次我来到一些小区门口发现保安不在岗亭，他们的制服却放在了醒目处，此举似乎是一种警告：这个区域正在被监控。

虽然政府机构也常常需要保安在各种场所管理人群、维持秩序，但并不希望看到保安借用其权威符号。为了帮助民众区分保安和国家机构正式工作人员，该条例规定，保安服装和保安服务标志应当与解放军、武警和警察、工商税务等行政执法机关以及法院、检察院工作人员的制式服装、标志服饰有明显区别。

在这条规定被严格执行后，小区保安那种酷似警服或军服的制服少了许多。大地保安的夏季制服变成了普通的黑色短袖T恤，袖口印着五星红旗，背后印着"特勤"的拼音"Te Qin"。有些高档小区、写字楼或商场会让保安穿上白衬衫或者黑西装。

住宅空间中保安行业的出现和兴盛不仅是为了满足中产业主的需求，也是为了满足政府的需求，这离不开国家的推动。譬如，在上海一些没有物业的里弄和石库门中，街道办事处近年来会为每个社区雇1至2名本地保安，用街道的经费支付工资。2015年长沙市发布的《关于进一步加强全市单位内部治安保卫工作的意见》甚至明确规定，物业管理小区100户以上配备4名以上保安员，300户以上配备8名以上保安员，每增加100户可增配1至2名保安员。

政府利用保安协助管理日常的公共秩序。由于保安在小区内全年驻守，公安机关期望他们能发现并报告任何可能存在的违法犯罪活动。他们通常需要关注某些居民和访客的活动，不仅为了保障居民人身和财产安全，也为了维护社会稳定。根据2022年出版的《中国保安服务行业现状深度研究与发展前景分析报告》,"近五年来保安队伍平均每年为公安机关提供破案线索 10 万余条,协助抓获违法犯罪嫌疑人 9 万余名,参加各种大型活动安保约 4 万人次,82 名保安员在工作岗位上牺牲,1.1 万名保安员负伤"。中国保安的数量早已远远超过公安民警的数量,保安对维持社会治安和社会秩序都做出了贡献。

同时,保安自身也受到监督和约束。他们观察人群时必须站在最显眼的位置,比如在大门口或透明的岗亭里。这样一来,他们不仅可以对潜在罪犯起到震慑作用,也时刻受到监控摄像头、上级和居民对他们的监督。而《保安服务管理条例》承认民营资本在保安领域合法的同时,也通过细致严密的规定对其进行管束,监控着这个行业中每个企业和个人的活动。

我在大地时曾从文武公司那里听闻保安和当地派出所的另一种"合作"。上海每年都会举办平安社区的评比,而最重要的评价指标之一就是辖区内接到 110 报警的次数和案件数据。大地是一个有六七万人口且人员相对复杂的巨型小区,在 2016 年之前,大地居民每天至少会拨出三通 110 报警电话,多是邻里和家庭纠纷,这个数字影响了当地社区的考核。为了降低报警数量,文武高层要求大地保安随时留意小区内的状态,有任何纠纷之类的状况要立刻到达现场并拨打派出所的直线电话,尽量不让居民拨打 110。李明评论道:"我们帮他们实际上是在帮自己。他们帮助我们也是在帮助自己。"

这种报警方式和由拨打 110 之后派遣民警去现场看似乎没

什么区别，但市公安局其实一直明令禁止此类做法，因为这样不仅会干扰市局对全市治安状况的判断，而且会影响上级监督办案过程和结果。

中央政府严格限制了地方政府对警力的使用，因此有些地方会利用第三方（保安）来克服程序上的障碍，执行某些有争议的、需要强制手段的任务，例如保安有时会被用来阻止越级上访。2010年实施的《保安服务管理条例》对这类事件明令禁止。第三十条写明：保安员不得限制他人人身自由、搜查他人身体或者侮辱、殴打他人；不得扣押、没收他人证件、财物；不得阻碍依法执行公务；不得参与追索债务、采用暴力或者以暴力相威胁的手段处置纠纷……违反法律、行政法规的其他行为。第三十一条写明：保安员有权拒绝执行保安从业单位或者客户单位的违法指令。

中国小区保安，无论是作为一个行业、一份职业还是一个群体，都与其他国家不同。作为一个行业，它的诞生和发展都是国家政策的结果，且与国家机构合作密切；作为一份职业，它往往是非正式的、没有福利保障、工资低、地位低的工作，履行的职责也不限于保卫安全，而更像是杂役；作为一个群体，他们大多是在城市空间里被边缘化的"农民工"。

由于房地产市场的降温，自2016年以来，一线城市保安行业的市场需求已经放缓，使得保安公司在这些城市的竞争也变得更加激烈。李明曾向我提起，文武的领导层考虑去非洲等地开发海外市场。那几年，文武还进军了许多二三线城市，离开大地后的阿德多次被派往其他城市管理新项目。然而，保安和封闭小区毕竟都是城市化的产物，在小城镇中的需求不如大城市那么高。

与此同时，先进的安保技术正在取代现场值班的保安。例如，得益于电子支付和车牌自动识别系统的普及，对收停车费、手动操作起落杆的需求正在减少；还有许多高端封闭小区采用了高科技，如人脸识别、指纹锁、电梯门禁卡等。

科技进步是行业趋势的一部分，大地也采用了越来越多的科技手段来保护居民，除了车辆自动识别系统，还有大堂门禁、电梯梯禁等等。在管理五六万人的小区时，科技似乎比人更加高效，且中国的劳动力成本逐年增加，长远来看科技成本更低。然而现阶段的技术还是防不住一些故意钻空子的人，譬如虽然有门禁系统，但外来人员依然可以跟在居民身后进入大楼，还有些人会用暴力手段破坏监控设施。

因此，即便有时采用了新技术，但对人力的需求反而更多了。就像在车辆自动识别系统实行后，大地反而更需要保安在现场解释安抚、维护秩序和给特殊情况的车辆放行。比起技术，人类的优势和劣势都在于"灵活性"。保安的工作不仅仅是"看门"，还需要大量沟通，提供有人情味的服务。

随着科技的进一步发展，这些问题或许都可以得到解决。李明当年曾预测，不久的将来，每个小区只需要两名保安坐在监控室里观看所有屏幕并操作所有设备。减少保安可能会给小区业主和物业公司节省很多开支,特别是在劳动力成本逐年上升的情形下。然而,这对民营保安公司而言可不是一个好消息,毕竟它们是通过为客户提供培训人员而获利。他们提供的保安人数越多,赚得就越多,反之亦然。因此,未来对保安需求的减少最终可能会危及这些公司的生存,不能从"提供人"转型为"提供安保技术"的民营保安公司可能会被淘汰。

二

回到最开始,这个民族志研究始于我对一个问题的好奇:为什么中国的小区需要这么多保安?我通过对上海一个封闭小区的实地调查来寻找回答这个问题的实证。最后,本书在"一个层级化的恐惧金字塔"的框架下构建理论,把政策制定者、中产业主、保安和群租房客都囊括进来,考察了不同主体如何理解"安全",如何表达自身的恐惧,以及如何利用恐惧来实现其政治和社会经济目标。

恐惧经常被定义为一种私密、内在而自然的情绪,但实际上它也是一种社会文化建构的产物[①]。很多研究恐惧理论的学者

---

① Scruton ed., *Sociophobics*. Catherine Lutz, *Unnatural Emotions: Everyday Sentiments on a Micronesian Atoll, Their Challenge to Western Theory* (Chicago: University of Chicago Press, 1988).

着重探索一个人体验、管理、表达恐惧的方式,以及恐惧被制造、操控和被有权者利用的过程①。这些理论通常视那些心怀恐惧者为一个被动的、无力的群体,而他们的情绪被一些"恐惧企业家"所操纵②。

但也有许多学者并不认同恐惧代表了脆弱和无能,而将恐惧的表达视为一种特权,人们通过这种特权来争夺整个社会的认可与正当性。譬如汉弗莱认为恐惧也可以被视作掌握权力与财富的群体所享有的"一种情绪财产"③。譬如奥尔赛默认为并不是人人都有资格扮演"受害者",这种"受害者"身份具有一定门槛,如同"会员制"。人们通过它来争夺整个社会的认可与正当性。④

恐惧也是一种"关系"(relation)⑤:一个人的恐惧会随着自己相对于他人的空间和社会地位的变化而改变。本书用一个"恐惧金字塔"来探讨政府、中产阶层业主、被恐惧阶层分别在担忧什么,以及这些担忧如何互相作用。位于金字塔顶端的是

---

① Barry Glassner, *The Culture of Fear: Why Americans are Afraid of the Wrong Things* (New York, NY: Basic Books, 1999). Frank Füredi, "The Only Thing We Have to Fear is the 'Culture of Fear' Itself," 2007. Electronic Document. Gusterson Hugh and Catherine Besteman, *The Insecure American: How We Got Here and What We Should Do About It* (Berkeley: University of California Press, 2010). Uli Linke and Danielle Taana Smith, eds., *Cultures of Fear: A Critical Reader* (London: Pluto Press, 2009).

② Füredi, "Only Thing We Have to Fear."

③ Humphrey, "Fear as a Property," 287.

④ L. Altheide, *Creating Fear*, 181.

⑤ Füredi, "Only Thing We Have to Fear."

政府，其首要关切的是社会秩序和公共安全，20世纪八九十年代严峻的治安形势促使政府创立了保安行业，作为对警力的补充，而后来对社会稳定的考量，又使政府持续发展保安行业并进行规范。

卡尔代拉在讨论巴西圣保罗市兴盛的保安行业时称，圣保罗的有钱人诉诸市场上的保安是因为他们不信任警力和司法系统，所以这种"将安全民营化""挑战了国家合法使用暴力的垄断"①。但中国的情况正好相反，保安行业的源起与兴盛是国家政策的结果，保安行业的民营化意味着城市管理的手段正变得越来越精细、复杂，保安的眼睛成为一种全景式监控的补充。

在这个金字塔的中部，是热衷于谈论恐惧的上中产阶层，他们是中国一系列市场化改革的受益者。自从1980年代后期开始了一系列核心的市场化改革后，计划经济时期的社会凝聚力松解，贫富差距加大，人们也开始摆脱过去平等主义的束缚，竞相攀爬社会经济的阶梯。可以说当下大部分家庭在这个阶梯上的位置，都是在近三十年（1990—2020）中、同一代人到达的。在这种背景下，中产阶层对自己新获得的资产和社会地位产生了强烈的不安全感。

在改革开放的前半段，由于不断恶化的治安形势以及商品房导致的"阶层空间归类"（class spatialization），新兴的中产

---

① Teresa Caldeira, *City of Walls: Crime, Segregation, and Citizenship in São Paulo* (Berkeley: University of California Press, 2000), 2.

阶层极力渴望封闭小区和保安团队保障自己的财产和人身安全。然而到了后期，尽管社会治安大幅好转，但中产阶层依然追求封闭和保安，则更多是出于对其经济社会地位跌落的恐惧。他们将任何可能威胁到自己新获取的地位的事物都视作"危险"。由于大多数大城市中产家庭的财富都集中在房产上，并且因为住房而背负很多贷款，因此他们厌恶任何在房产投资上的风险因素，譬如可能给小区里的设施造成负担、破坏阶层同质性的群租客。他们需要通过围墙和保安来保持小区的"纯净"，捍卫小区"俱乐部商品"的专有权利以及房产的价格。

中产阶层严守封闭小区，雇用保安来监督治安、看守大门、驱逐群租户、处理杂务、保护小区设施。除了这些实用功能，中产业主还通过炫耀性消费森严的大门、庞大的服务团队和年轻高大的保安身体，来彰显其社会地位，提升小区档次。

然而，他们在社会经济意义上的脆弱和野心往往是隐藏起来的，对外展示的是从治安混乱年代延续至今的表达："对犯罪的恐惧"。在现实中，"阶级地位的向上移动可能确实会增加一个人的潜在受害感"以及"易受伤害感"。而且对恐惧犯罪的讨论是有传染力的，人们借着"细述偏见与制造种类，来自然化某些族群的危险性"①，从而象征性地重新制定世界秩序。"恐惧的表达"已成为一种塑造阶级身份和划定界限的微妙方式，同

---

① Caldeira, *City of Walls*, 2.

时也掩盖了他们真正的、对经济地位的不安全感，并从道德上将炫耀性消费合理化。

那些正式就业的本地保安通常和业主属于同一个阶层，而非正式就业的外地保安则属于被恐惧阶层。一部分中产阶层居民将后者视为素质和道德不合格的潜在"危险"，对他们抱有矛盾的情绪：既依赖又不信任，既恐惧又轻视。因此，无论是物业公司还是保安公司，都对非正式就业的外地保安提出了更严厉的纪律要求，试图将他们规训为守纪的劳动者。为了赢得信任，这些文化和社会经济上的"他者"必须努力展现出机器人般的特质：纪律严明、专业和服从。

位于恐惧金字塔下层的，是大量来自欠发达地区农村和乡镇的非正式就业者。他们通常在社会转型中失去了农田、工作和其他生计，或者为了追求更好的生活，而到城市空间谋生。这个阶层常被视作对社会治安、稳定和对业主幸福安全的潜在威胁。其背后的逻辑是：他们的利益可能在市场化改革中受到了损害，于是被假设更有可能对现状产生不满；他们缺乏稳定的工作和住所，与都市空间的关系是瞬变而疏离的；甚至有人认为这个阶层没什么好损失的，更容易铤而走险。社会舆论也在无意识中将这个阶层描述为高风险、倾向犯罪、可能危害市民福祉的群体。

当城市管理者和中产阶层享有表达恐惧的权利时，被恐惧阶层对失去尊严、安全和最低居住空间的恐惧，往往没有被有效地听到和看到。户籍制度和不断增加的收入差距加深了非正式外来打工者的"相对剥夺感"。绝对剥夺意味着他们的基本需求如食物、水和住所都无法得到满足，相对剥夺则意味着当他们把自己的生活质量与其他社会经济群体相比较时所感受到的被剥夺感。当被恐惧阶层看到他们为之贡献的城市繁荣与他们的生活无关时，这种感觉会变得更为强烈。

由于物业公司和保安公司的逐利性，小区保安这个工作在越来越多的小区中变得非正式化，而外来的从业人员也大多属于被恐惧阶层。

虽然在维护小区治安方面，保安的角色与警察有相似之处，但两者有着本质的差别。马克斯·韦伯在分析"阶级"时，引入了"地位"的概念和"权力"的概念，前者是指一个人在社会中的声望、社会荣誉或受拥戴程度，后者是指一个人可以不顾他人抵抗依然实现自己目标的能力。警察在特定情况下拥有巨大的权力，并在市民中享有较高的地位，而保安完全无法相提并论。

西方关于保安的负面新闻通常涉及滥用权力。例如2017年，美国弗吉尼亚州某住宅区一名二十三岁的保安以安全为由射杀了一名坐在自己车上玩"宝可梦Go"手游的六十岁华裔男子，并曾禁止另一名业主外出，这让业主一家陷入困惑之中。相比之下，中国保安的负面新闻通常涉及个别保安的盗窃、入室抢劫、强奸和谋杀等犯罪行为。这些负面事件与这个职业具有的权力无关，更多的是引发了公众对从业者个体素质的担忧，并增强了公众对被恐惧阶层群体的不信任。

城市管理者和中产阶层的恐惧塑造着保安一职,同时也被保安一职塑造着。恐惧不仅是一种深深根植于社会经济和空间不平等的内在不安感,也是一种被不同主体操控的策略和话语,用以配置社会秩序和获取权力。城市中的封闭小区已经成为不同主体争夺恐惧权利的战场,保安则站在战场的中心。

封闭小区是本研究发生的空间。物理空间不仅仅是社会关系的容器,也是一种创造社会空间以及再生产社会关系的方式[1]。西方马克思主义学者认为,空间是政治的和策略性的,而权力关系与空间生产之间存在着一种辩证关系。城市规划通常遵循资本累积的逻辑[2]以及政府的意图:确保其政治控制、区隔社会层级[3]。

列斐伏尔基于西方社会的理论认为,国家利用空间作为一种政治工具来"确保它对地方的控制、严格的阶层等级、整体的同质性,以及不同部分的区隔"[4]。而中国为了维持治安和社会稳定,也在维持空间秩序上做了三方面的努力:天网工程、空间

---

[1] Edward W. Soja, "The Socio-Spatial Dialectic." *Annals of the Association of American Geographers* 70 no.2(1980): 207-25.

[2] David Harvey, *Social Justice and the City* (Athens: University of Georgia Press, 2009).

[3] Henri Lefebvre, *State, Space, World: Selected Essays*, ed. Neil Brenner and Stuart Elden (Minneapolis: University of Minnesota Press, 2009).

[4] Lefebvre, *State, Space, World*, 188.

分配策略和发展封闭小区。

2010年前后在各地建成的"天网工程"如今几乎百分百覆盖一线城市的公共空间。除此之外，户籍制度、居委会和街道、网络实名系统、街道身份检查、实有人口登记，以及保安行业等，共同创造了一个对城市空间的全景式凝视。

各地运用空间策略来维持公共治安和社会稳定。以上海为例，通过拆除城中村、棚户区、违章建筑，禁止群租，并清除闹市区的无证商贩，政府可以防止太多人口因争夺有限的城市资源而引发更多矛盾，并使那些被视为社会不稳定因素的无业外来人口自动离开。

封闭小区从属于市场体系，但它也是一个负载价值的系统，执行并维持着一套有序的关系。一些乐观的学者认为，封闭小区使中产业主能够追求隐私、自由和社会差异，同时增加了安全性[1]。路易吉·通巴则认为封闭小区为国家提供了一个"清晰的、有序的、易于管理的环境"[2]，使国家能够有效地组织、监

---

[1] Fulong Wu, "Rediscovering the 'Gate' Under Market Transition: From Work-unit Compounds to Commodity Housing Enclaves." *Housing Studies* 20, no.2(2005):235-254. Choon-Piew Pow, "Constructing a New Private Order: Gated Communities and the Privatization of Urban Life in Post Reform Shanghai." *Social and Cultural Geography* 8, no.6(2007):813-831. Ngai Ming Yip, "Walled Without Gates: Gated Communities in Shanghai." *Urban Geography* 33, no.2(2012):221-36.

[2] Luigi Tomba, "Gating Urban Spaces in China: Inclusion, Exclusion and Government." In *Gated Communities: Social Sustainability in Contemporary and Historical Gated Developments*, Samer Bagaeen and Ola Uduku, eds. (New York: Routledge, 2010), 28.

视和调控墙内外的人口,而无须增加警察系统的负担①。此外,"封闭小区将本应属于政府的责任私有化,并将这些负担转移到业委会手中"②。而政府仍然可以通过监控摄像头、居委会和保安来监控小区内的空间。保安自己也被要求站在最显眼的地方,如透明的岗亭或大门处,以便摄像头和业主也能随时看见他们的一举一动。

2012年前发表的一项对上海和南京的调查显示,置业者选择小区时的首要顾虑是安全③。但随着城市治安整体变好,安全基本都能得到保障,置业者更加关注维持并提升自己的社会经济地位,这包含两层含义:一、物质层面上,他们首要关注房产的保值性和升值性;二、文化层面上,他们关注小区设施、小区居民和小区生活方式的档次和品位。

"阶级"的形成是一个长期的过程,物质资本或许可以很快获得,但文化资本的取得往往是缓慢的④。中国社会在经过剧烈的转变后,那些先前建立的、用来评估社会身份的文化规范便消失了。于是,"消费变成获得文化及象征性资本的主要渠道,以及宣称与认证社会地位的关键"⑤,在住宅空间以及生活方式上

---

① "Q. and A.: Luigi Tomba on Privatized Housing and Political Legitimacy in China."
② Evan McKenzie, "Constructing the Pomerium in Las Vegas: A Case Study of Emerging Trends in American Gated Communities." *Housing Studies* 20, no.2(2005):187-203.
③ Yip, "Walled Without Gates," 221-36.
④ Bourdieu, *Distinction*.
⑤ Zhang, *In Search of Paradise*, 9.

的消费是"制造"新中产阶层不可或缺的。这样的消费方式每过几年就会出现一个新的风向标，譬如是否封闭，是否有会所，是否人车分流，是否配备管家，保安是否年轻高大。

封闭小区的大门不仅是为了防范犯罪，还为了保护中产业主的社会地位免受污染。另一方面，更加坚固的大门和一支英俊的保安队伍就像中国古代大宅门前面的石狮一样，展示了房主的声望和财富。因此，大门和保安不仅是出于"安全的"目的被需要，还作为一种炫耀性消费，成为"社会差异"的一种形式。

三

许多流动人口来到大城市后最初的计划是做小生意，譬如在街上出售小商品、熟食、水果等。这也是非正式工作，但通常更有向上流动的机会。然而，过去二十年，街头小贩和食品摊贩等被禁止或进行规范化管理，促使这些人重新进入劳动力市场，寻找有雇主的非正式工作（最近两年又开始放开）。

由于被恐惧阶层中的许多人每天要在服务业工作超长时间，所以他们寻找住所时的首要考虑是在地理位置上靠近客户和工作场所。他们曾经聚集在移民飞地——城中村，然而随着近几十年大量城中村或棚屋被拆除，他们又搬进了违章建筑、群租房和宿舍中。拆除违章建筑和禁止群租使得被恐惧阶层只能寻找提供宿舍的工作。非正式就业中的宿舍生活使他们远离正常的城市生活，进一步边缘化。

许多保安在采访中表示，他们申请这份工作的主要原因是能够立即获得免费的宿舍，这也成为被恐惧阶层在大城市寻找工作时的首要考虑。保安在大地打击群租的行动中是主力，但他们宿舍的居住条件其实比群租房还要糟糕。尽管群租房和宿舍在形式上非常相似，物业管理公司和居委会有时候却选择性地运用地方政策，精准地将宿舍排除在群租房之外。

许多研究表明，恐惧的分布独立于危险的空间分布，更多与感知的风险相关。在很多情况下，居住在安全社区中的人们比居住在危险社区中的人们更容易感到恐惧。据美国的统计数据显示，比起中产小区的居民，低收入阶层更有可能成为暴力犯罪和入室盗窃的受害者[1]。然而，这个阶层对失去居所和生计的恐惧超过了对犯罪的恐惧，使得他们极少表达对空间安全性的诉求。

当"农民工"从农村地区来到上海市中心后，他们体会到了与城市居民在经济、权力、地位和权威上的差异，以及社会、文化和地理上的陌生感，这些体验都可能给他们带来不安全

---

[1] Edward. J. Blakely and Mary Gail Snyder, *Fortress America: Gated Communities in the United States* (Washington, DC: Brookings Institutian Press, 1997).

感①，但这种恐惧和焦虑很少在访谈中被表露出来。当整个社会关注中产阶层业主的脆弱和恐惧时，底层打工者对尊严和安全的需求常常被忽视。

媒体和学术界总是探讨中产阶级居民对小区治安的担忧，却很少有人会问身处"治安前线"的保安："你晚上值班时会害怕吗？"即便有人问了这个问题，保安也很可能不感兴趣，甚至觉得好笑。他们往往会回答："这有什么好怕的？""上海很安全。""大地很安全。"有些人甚至开玩笑地说，业主比可能存在的罪犯更危险。

保安建宏被业主的儿子摔伤一个月后，我找他聊了聊，想问他对于这起受伤事件的感受。他的回答很谦逊，深思熟虑过，甚至有点官方化。

他首先急于向我解释这不是他的错，"我没和他争论，也没有还手。我只是按照上级的指示完成我的职责。"当我表示理解并再次询问他的感受时，他仍然回避直接回答问题，而是说："我也没有要求赔偿。"

我问："为什么不要求赔偿呢？"他回答："也没什么大不了的事，我很快就恢复了。而且他后来还上医院向我道歉了。"

---

① Lyn H. Lofland, *A World of Strangers: Order and Action in Urban Public Space* (New York: Basic Books, 1973). DeWight R. Middleton, "The Production and Management of Fear in Urban Context," in *Sociophobics: The Anthropology of Fear*, ed. David L. Scruton, (Boulder, CO and London: Westview Press, 1986), 122-41.

我没有听到建宏的怨言，正如我曾目睹一些保安在执行任务时被业主羞辱和威胁，但事后他们通常不愿意谈论这个问题，或者在后来的对话中淡化自己的感受。他们常说："当保安不就那样嘛。"人们常常会选择遗忘或淡化令自己痛苦却又无能为力的事，他们劝慰自己的方式是将这样的经历视为工作性质的一部分。

在采访或日常对话中，我明显感受到保安和其他被恐惧人群往往比中产阶层更不擅长或更不愿意表达愤怒、失望、焦虑和恐惧等情绪。为什么会这样？

一部分原因或许是这些情绪难以被清晰地表达并传播，整个社会尚缺乏支撑这种情绪的话语体系，他们也缺乏表达的技巧和经验。另一部分原因是，他们常常不认为自己有表达的资格。他们认为自己处于最底层，没有资格表达感受、获得关注、争取利益。而且在公众的想象中，"光脚的不怕穿鞋的"，一个没有财产的人，身处比他富有的人群中，有什么可损失，又有什么可害怕？这种思维方式导致大众媒体和都市文化都忽略甚至否认经济底层人群的恐惧，于是连他们自己都怀疑自己是否有资格感到害怕或者埋怨。而对于令自己痛苦却又无能为力的事，人们常常会选择忘记或自治。

但是，他们是否真的什么都不怕呢？

毫无疑问，人人都在意人身安全和财产安全，只不过对于被恐惧阶层而言，这些"在意"远不及他们眼下对生存的担忧。

访谈深入后我发现几乎每个受访者都表达出对未来的不安全感。他们没有养老金,一旦年纪太大、不能继续工作,便失去了收入来源,他们害怕老无所依;由于非正式工作不提供医疗保险,一旦生病便意味着大额支出,或者需要放弃工作,回到老家去治疗,他们特别害怕生病;他们也担心失去工作,因为远在老家上有老下有小,都依靠他们的收入过活。

然而,他们也很少抱怨或者谈论自己对生存的担忧。这或许是因为他们知道谈论恐惧无法给自己赋权,反而会暴露真正的软肋。没有人会轻易暴露自己真正恐惧和脆弱的地方,正如同中产阶层较少在公开场合的社交谈话中暴露自己对社会地位和财富积累的担忧,而转为表达对犯罪的担忧。但被恐惧阶层也不认为自己有表达恐惧犯罪的资格,他们没有可以替代恐惧的表达,于是他们选择了沉默。这再次证明,表达恐惧是一种地位、一种象征、一种会员制身份。不承认被恐惧人群也有自己的恐惧,相当于否定了两者之间共有的人性[1]、让位于边缘的人更加边缘化,削弱了弱势者的力量[2]。

一边是户籍制度和各种相应的社会政策,另一边是遵循着资本积累逻辑的劳动市场和企业,它们一起将被恐惧阶层推

---

[1] Linke and Smith, eds., *Cultures of Fear*, 16.
[2] Henry A. Giroux, "The Biopolitics of Disposability." Nicholas Mirzoeff, "Empire of Camps." Arthur Kleinman and Joan Kleinman, "Cultural Appropriations of Suffering." Miriam Ticktin, "The Violence of Humanitarianism," in *Cultures of Fear: A Critical Reader*.

向一种摇摇欲坠（precarious）的生活状态。而这种不稳定性（precarity）反而成了他们在公共安全和社会稳定方面构成"风险"的证据。

到底什么才是缓解都市"恐惧"的良方？卡罗琳·汉弗莱认为，我们感到恐惧是因为我们知道有些人一无所有、陷入绝望，从而可能铤而走险；要想让"他者"停止以让我们害怕的方式行事，一个有效的办法便是看见和承认他们表达"包括恐惧在内的"所有情感的权利[①]，并给他们赋权，让他们免于绝望。

改革开放以后，急剧加深的经济分化、市场化的空间分配以及传统社会凝聚力的松解，都导致城市空间的社会信任逐渐缺失，恐惧的表达兴起。无处不在的封闭小区形式反映了这种道德图景的变化。当被恐惧阶层对生存的恐惧被看见，当那些社会经济的"他者"被接纳为"我们"的一员时，弥漫在金字塔的"易受伤害感"将得到真正的缓解。对于一直担忧从社会经济阶梯上滑落的中产阶级来说，生存和尊严都能得到保障的小区保安将成为他们财产的守护者和缓解焦虑的良方。

四

2018年春节期间，文武公司请所有留在岗位的保安吃饭。

---

① Humphrey, "Fear as a Property," 302.

阿德连续两天在大地附近的一家餐厅设宴，分别款待夜班和白班的所有人。在这个阖家团聚的日子里，许多独自在城市打工的人都会格外孤独和想家。幸运的是，他们可以和相似的人聚在一起，用酒精和工作上的笑话来互相安慰。由于吃完晚饭后还要回去值夜班，所以他们只能喝啤酒，不能喝自己喜欢的白酒。好几个人在餐桌上哭了，或许是在节日里想起了家人，想起了自己的人生。

凌晨四点十六分，阿德在朋友圈晒出了四张他们在饭桌上的照片，并附上几句话："兄弟们，朋友们，谢谢大家在2017年的陪伴，2018年我们一起前行，祝愿大家的明天会更好！"

天下没有不散的筵席。

2019年12月，大地的第三届业委会经选举产生，十五名委员大多数是已经退休的、有空闲时间的业主。经过十个月的筹备，五百多名志愿者参与，2020年10月31日，新的业委会终于成功举行了第一次业主大会，有三分之二的业主参与投票，表决通过了解聘泽信物业公司。

2021年1月，泽信物业公司带着两家保安公司黯然离场，结束了在大地二十年的服务。

但大地第三届业委会并没有就此结束他们的"维权使命"，他们请专业团队全面审计了过去二十年的物业账目，发现有许多账目不清。于是，他们又以"物业服务合同纠纷"为由，将泽信物业告上法庭，要求后者返还物业管理费、地下车库停车管理费按实结算部分的结余、小区公共收益中业主分成部分的结余等。

2023年初,大地的业委会一审胜诉,法院判决泽信物业返还集体业主4000万元,如果分配到户,每户将获得3000多元。这个史无前例的判决一时间令泽信和大地成为舆论焦点。

2023年2月,泽信物业提起上诉。2024年中级人民法院对此案做出民事裁定,撤销一审判决,以"一审判决认定基本事实不清"为由,将案件发回一审法院重审。

截至2024年成稿时,这起民事纠纷尚无最终结果。

大地的那些保安去哪儿了呢?

2021年2月1日,大地的物业管理服务被另一家知名物业公司接手。该公司宣布,新的保安年龄标准是四十五岁以下(比文武的年龄线低十岁),符合标准的保安如果有意愿可以留下,工资比之前高出1000多元。大约有六七人选择留下,其余人大多因为年龄超标而不得不离开。他们有的听从文武安排去了公司的其他项目,有的自谋生路。

小亮虽然年龄符合要求,但没有选择留下,因为他听说新公司一旦从老员工那里学会了怎么管理小区,就会排挤走老员工。这种揣测不一定正确,但大半年后,当时选择留下的那几名保安确实也都离开了大地。

小亮在阿德的推荐下去了文武的另一个项目当队长,但几个月后他就离开那里,在市场上找到了新工作:一个高端楼盘的队长。

阿德在上海又工作了一段时间，被文武派去周边城市管理新项目，2024年他又回到了上海。此时，他的大舅哥成立了一家新的保安公司，阿德离开文武，成了那家新公司的区域经理，他不仅需要招募、管理保安，每天还需要满城跑，拜访各个小区或者商业的物业，希望能接下更多业务。

2024年，周勇依然在上海某小区当保安。曾和周勇一起在大地当保安的小儿子如今和他的哥哥一样，都在东北的某部队当兵，这让周勇引以为豪，建军节时还在朋友圈发了两个儿子身着军装的照片。

刘金发已经离开了保安行业，现在在上海送外卖。

四十七岁的李云因为年龄不符合，没能留在大地。他在其他保安公司管理的另一个小区继续当保安，其间刚好遇到疫情，他被街道找去做了一年的防疫工作。他此前因为走私案被冻结的200多万资金已经充公，不可能拿回来了，他将这个结果归结为自己在当地缺少人脉。但他的心态还算乐观，坦言已经接受了命运的安排。

2023年，李云和妻子都辞职回到老家，照顾读高中的儿子，打算等儿子高考结束后再回上海工作。我问他："去了还当保安吗？"他答："我再去的话，可能去做烤鸭了，做我的老本行。"他去兰州考察过，发现那里的人对烤鸭不怎么感兴趣，因此还是希望可以去上海做这门生意。

黄佳国虽然被多家本地媒体当成道德模范宣传过，但因为年龄超过了四十五岁,也没能留在大地。这一面面锦旗没能成为他在保安行业求职的加分项,他依然受到年龄的限制。他在上海的另一个小区工作过一阵,后来不知去向。社会上大力推行电子支付以后,使用纸币的人越来越少,黄佳国捡到钞票的机会恐怕也越来越少了。

自从住房改革以来,中产业主的需求和政府的推动都促使小区保安行业快速发展。从 1984 年到 2024 年,保安行业在四十年间形成规模空前的产业,为城市空间带来安全、便利和秩序,也为市民的居住文化带来尊荣。

根据 2022 年的数据,国内保安服务行业人员数量达到 645 万人[①]。在这种兴盛的背景下,小区保安是男性"农民工"在大城市中能够找到的最常见的工作之一。因此,尽管有案底和身体残疾的小兵不具备当保安的资格,但他总有办法回到这个行业;尽管杭静是一个雄心勃勃、聪明机智的年轻人,不甘心在这个年纪成为一名保安,却总是无奈地回到这个行业。

中国和许多国家一样,已经迈入了老龄化时代,这意味着,人,特别是年轻人,将在劳动力市场上变得越来越"贵"。为了争夺"人",近几年来越来越多的大城市出台了"零门槛"落户政策,尽管非正式就业中的外来人口是最后被惠及的一拨人。过去这些年由廉价劳动力托起的保安行业也必将面临前所未有

---

① 实际人数应当更多,因为大量保安并没有在系统中登记。

的挑战。我无法预测，随着科技发展和人口巨变，小区保安行业是否会一直兴盛，甚至是否会一直存在。四十年后，它是否会成为某些人群才能拥有的"奢侈品"，成为某个时代的记忆？

至少从目前来看，那些在保安行业谋生的人最终还是会告别他们贡献过的城市，回到他们原本的人生轨迹中。保安和许多职业一样具有匿名性，当市民和他们打交道时，并不需要知道制服背后的名字和履历。我们可能在交谈中称他们为"那个胖保安""三号门的那个保安""那个矮保安""那个老保安"……我们很少会注意到他们的离开或者替换，更不曾试图了解他们的过往、困境、恐惧、爱与抱负。

这本书是对这个行业和里面的人的一个阶段性记录，在期望我们的社会越来越安全和公正的同时，我也希望读者读完书后，在经过自家小区的保安身边时能问候他们一句：

"你好。"

致谢

我要借此机会感谢答辩委员会的老师们对我博士论文的指导和帮助,他们是:我的导师、威斯康星大学麦迪逊分校人类学系的周永明教授,我的副导师、威斯康星大学麦迪逊分校人类学系的 Katherine Bowie 教授,威斯康星大学麦迪逊分校人类学系的 Larry Nesper 教授、Amy Stambach 教授,以及社会学系的 Gay Seidman 教授。

我还要感谢林乐峰老师、杜月老师和张楠老师等同行朋友,他们在我把论文修改为中文书籍的过程中提出了宝贵的建议。

最后要感谢此前在三联系列节目《你好,陌生人》中与我对谈的项飙老师,他这几年提出的"身边的陌生人""附近""悬浮"等概念对本书亦有启发。

参考文献

新闻报道和统计数据

《白银案罪犯高承勇：杀害 11 人后停止作案，因为害怕天眼》，凤凰网引《人民公安报》
https://news.ifeng.com/c/7jAfXOW8N0p. 2019 年 1 月 4 日访问。

《保安服务管理条例》，中华人民共和国国务院令第 564 号
http://www.gov.cn/zwgk/2009-10/19/content_1443395.htm, 2019 年 4 月 10 日访问。

《全国保安人数达四百多万》，新浪网引光明网，2006 年 8 月 17 日 http://news.sina.com.cn/c/2006-08-17/04049771335s.shtml, 2018 年 4 月 16 日访问。

《人大代表披露中国保安行业现状：年跳槽率超 80%》，人民网引《工人日报》，2015 年 3 月 5 日
http://politics.people.com.cn/n/2015/0305/c70731-26641159.html, 2018 年 4 月 2 日访问。

《腾讯财报：微信月活跃用户达 10.4 亿，同比增长 10.9%》，新浪科技 http://tech.sina.com.cn/i/2018-05-16/doc-iharvfht9251457.shtml, 2019 年 1 月 13 日访问。

《小区保安抢劫、强奸、杀害女业主，一审被判死刑》，中国新闻网引《人民法院报》，2011 年 6 月 16 日 http://www.chinanews.com/fz/2011/06-16/3116814.shtml, 2019 年 1 月 2 日访问。

《中国 400 万人从事保安工作，北京保安人数超警察》，新浪网引中国新闻网，2005 年 12 月 6 日 http://news.sina.com.cn/c/2005-12-06/10577635232s.shtml, 2018 年 4 月 16 日访问。

《中国安装了 1.76 亿个监控摄像头，这市场还在增长》，好奇心日报 2017 年 11 月 22 日 http://news.163.com/shuangchuang/17/1122/15/D3RU4G97000197V8.html, 2018 年 4 月 8 日访问。

百度百科·胡宏荣，2018 年 4 月 18 日访问。

陈诗娴、李贞《"天网"网什么》，《人民周刊》2017 年第 20 期 http://paper.people.com.cn/rmzk/html/2017-11/20/content_1825998.htm, 2019 年 1 月 3 日访问。

廖庆升《记者夜访福州 51 个小区，六成小区保安都在睡大觉》，2014 年 6 月 5 日 http://news.fznews.com.cn/shehui/2014-6-5/201465xreCrgwJoo9422_2.shtml, 2019 年 1 月 25 日访问。

刘子阳《中国保安业 30 年高速发展　保安人数已达 450 多万》，凤凰网引法制网，2014 年 12 月 12 日 http://www.legaldaily.com.cn/index_article/content/2014-12/12/content_5884754.htm?node=5955, https://news.ifeng.com/a/20141212/42704948_0.shtml. 2018 年 4 月 16 日访问。

国家统计局《2017 年农民工监测调查报告》，2018 年 4 月 27 日 http://www.stats.gov.cn/tjsj/zxfb/201804/t20180427_1596389.html, 2019 年 1 月 7 日访问。

宁军《西安灞桥21岁女孩被杀7年后DNA比对终于找出嫌疑人》，华商网 2018年8月30日 http://news.hsw.cn/system/2018/0830/1019414. 2019年1月20日访问。

赵恩泽《孟建柱：中国已是世界命案发案率最低国家之一》，人民网国际频道，2017年9月21日 http://world.people.com.cn/n1/2017/0921/c1002-29548818.html, 2019年1月30日访问。

《中国统计年鉴—2017》人口年龄结构和抚养比 http://www.stats.gov.cn/tjsj/ndsj/2017/indexeh.htm, 2018年5月29日访问。

《80后保安勇闯火海救业主 重伤离世感动两座城》，中国文明网 http://www.wenming.cn/sbhr_pd/hr365/jyyw/201510/t20151013_2903903.shtml, 2019年1月3日访问。

Yangpeng, Zheng. "Working-age Population Sees Biggest Drop in Modern History." China Daily, January 20, 2016.

网页文章

Füredi, Frank. "The Only Thing We Have to Fear is the 'Culture of Fear' Itself." 2007. Electronic Document. http://www.frankfuredi.com/pdf/fearessay-20070404.pdf. Accessed October 29, 2016.

Goldstein, Amy. "More Security Firms Getting Police Powers: Some See Benefits to Public Safety, but Others Are Wary." *SFGate*, December 10, 2007. Accessed February 24, 2019. https://www.sfgate.com/news/article/More-security-firms-getting-police-powers-Some-2625549.php

"Q. and A.: Luigi Tomba on Privatized Housing and Political Legitimacy in China." January 27, 2015. Accessed August 16, 2017.
https://sinosphere.blogs.nytimes.com/2015/01/27/q-and-a-luigi-tomba-on-privatized-housing-and- political-legitimacy-in-china/, 2015

期刊论文

Altheide, David L., with Barbara Gray, Roy Janisch, Lindsey Korbin, Ray Maratea, Debra Neill, Joseph Reaves, and Felicia Van Deman. "News Constructions of Fear and Victim: An Exploration Through Triangulated Qualitative Document Analysis." *Qualitative Inquiry* 7, no. 3 (2001): 304-322.

Anagnost, Ann. "The Corporeal Politics of Quality (Suzhi)." *Public Culture* 16, no. 2 (2004): 189-208.

Beck, Ulrich. "The Cosmopolitan Society and Its Enemies." *Theory, Culture & Society* 19, no. 1-2 (2002): 17-44.

Briefel, Aviva, and Sianne Ngai. "How Much Did You Pay for This Place? Fear, Entitlement and Urban Space in Bernard Rose's Candyman." *Camera Obscura* 37 (1996): 71-91.

Caldeira, Teresa. "Fortified Enclaves: The New Urban Segregation." *Public Culture* 8, no. 2 (1996): 303-328.

Carolan, Michael. "The Conspicuous Body: Capitalism, Consumerism, Class, and Consumption." *Worldviews* 9, no. 1 (2005): 82-111.

Chen, Xi. "Origins of Informal Coercion in China." *Politics & Society* 45, no. 1 (2017): 67-89.

Dinzey-Flores, Zaire Z. "Where Rights Begin and End in Puerto Rico's Gated Communities." *Singapore Journal of Tropical Geography* 33, no. 2 (2012): 198-211.

Ellin, Nan. "Fear and City Building." *Hedgehog Review* 5, no. 3 (2003): 43-61.

Fan, Cindy C. "The Elite, the Natives, and the Outsiders: Migration and Labor Market Segmentation in Urban China." *Annals of the Association of American Geographers* 92, no. 1 (2002): 103-124.

Friedman, Eli, and Ching-Kwan Lee. "Remaking the World of Chinese Labour: A 30-Year Retrospective." *British Journal of Industrial Relations* 48, no. 3

(2010):507-533.

He, Qing. "Witchcraft without Witches: The Conspiracy Theories about GMOs in Post-socialist China." *Chinese Journal of Applied Anthropology* 3, no. 1 (2014): 29–45.

Humphrey, Caroline. "Fear as a Property and an Entitlement." *Social Anthropology* 21, no. 3 (2013): 285-304.

张进红. 中国保安企业开展海外业务的法律与监管 [J]. 重庆大学学报（社会科学版）, 2015, 21(2): 116-121.

Kipnis, Andrew B. "Neoliberalism Reified: Suzhi Discourse and Tropes of Neoliberalism in the People's Republic of China." *Journal of the Royal Anthropological Institute* 13 (2007): 383-400.

Kuang, Lei, and Li Liu. "Discrimination against Rural-to-Urban Migrants: The Role of the Hukou System in China." *PLoS ONE* 7, no. 11 (2012): e46932.

Low, Setha M. "The Edge and the Center: Gated Communities and the Discourse of Urban Fear." *American Anthropologist* 103, no. 1 (2001): 45-58.

MacKinnon, Stephen. "Police Reform in Late Ch'ing Chihli." *Ch'ing-shih wen-ti* 3, no. 4 (1975): 82-99.

McKenzie, Evan. "Constructing the Pomerium in Las Vegas: A Case Study of Emerging Trends in American Gated Communities." *Housing Studies* 20, no. 2 (2005): 187-203.

Miao, Pu. "Deserted Streets in a Jammed Town: Gated Communities in Chinese Cities and Their Solutions." *Journal of Urban Design* 8, no. 1 (2003): 45-66.

Mitchell, Don. "The End of Public Space?" *Annals of the Association of American Geographers* 85, no. 1 (1995): 108-133.

莫纪宏. 保安服务法律制度研究（下）[J]. 法学杂志, 2007,28(1):34-39.

Nonini, Donald M. "Is China Becoming Neo-liberal?" *Critique of Anthropology* 28, no. 2 (2008): 145-176.

Pow, Choon-Piew. "Constructing a New Private Order: Gated Communities and the Privatization of Urban Life in Post-Reform Shanghai." *Social and Cultural Geography* 8 (2007): 813–831.

———. "Securing the Civilized Enclaves." *Urban Studies* 44 (2007): 1539–1558.

Soja, Edward W. "The Socio-Spatial Dialectic." *Annals of the Association of American Geographers* 70, no. 2 (1980): 207-225.

Swider, Sarah. "Reshaping China's Urban Citizenship: Street Vendors, Chengguan, and Struggles over the Right to the City." *Critical Sociology* 41, no. 4-5 (2014): 701-716.

Turner, Victor. "Liminal to Liminoid, in Play, Flow, and Ritual: An Essay in Comparative Symbology." *Rice Institute Pamphlet – Rice University Studies* 60, no. 3 (1974): 53–92.

Wakeman, Frederic, Jr. "Policing Modern Shanghai." *The China Quarterly*, no. 115 (1988): 408-440.

Webster, Chris. "Gated Cities of Tomorrow." *Town Planning Review* 72, no. 2 (2001): 149-169.

Williams, Paul, and Julie Dickinson. "Fear of Crime: Read All About It? The Relationship between Newspaper Crime Reporting and Fear of Crime." *British Journal of Criminology* 33, no. 1 (1993): 33-56.

Wilson, Japhy. "The Devastating Conquest of the Lived by the Conceived: The Concept of Abstract Space in the Work of Henri Lefebvre." *Space and Culture* 16, no. 3 (2013): 364-380.

Wilson-Doenges, Georjeanna. "An Exploration of Sense of Community and Fear of Crime in Gated Communities." *Environment and Behavior* 32, no. 5 (2000): 597-611.

Wu, Fulong. "Rediscovering the 'Gate' Under Market Transition: From Work-unit Compounds to Commodity Housing Enclaves." *Housing Studies* 20, no. 2 (2005): 235-254.

Wu, Fulong, and Klaire Webber. "The Rise of 'Foreign Gated Communities' in Beijing: Between Economic Globalization and Local Institutions." *Cities* 21, no. 3 (2004): 203-213.

———. "The Good Samaritan's New Trouble: A Study of the Changing Moral Landscape in Contemporary China." *Social Anthropology* 17 (2009): 19–24.

———. "Food Safety and Social Risk in Contemporary China." *The Journal of Asian Studies* 71, no. 3 (2012): 705-29.

Yip, Ngai Ming. "Walled Without Gates: Gated Communities in Shanghai." *Urban Geography* 33, no. 2 (2012): 221-236.

Zhang, Li. "Contesting Spatial Modernity in Late Socialist China." *Current Anthropology* 47, no. 3 (2006): 461-484.

Zhou, Yongming. "Living on the Cyber Border: Minjian Political Writers in Chinese Cyberspace." *Current Anthropology* 46, no. 5 (2005): 779-803.

Zhu, Liangyu. "The Research on Chinese Baoan and Private Security Law." *China Urban Economy*, January-February 2011, 102-105.

书籍章节

Bakken, Børge. "Comparative Perspectives on Crime in China." In *Crime, Punishment, and Policing in China*, edited by Børge Bakken, Oxford: Rowman and Littlefield, 2005, 57-88.

Brenner, Neil, and Stuart Elden, eds. "State, Space, World: Lefebvre and the Survival of Capitalism." In *State, Space, World: Selected Essays*, Minneapolis: University of Minnesota Press, 2009, 1-48.

Cao, Liqun, and Yisheng Dai. "Inequality and Crime in a Changing China." In *Crime and Social Control in a Changing China*, edited by Jianhong Liu, Lening Zhang, and Steven F. Messner, Westport, CT: Greenwood Press, 2001, 73-87.

Chen, Yiu Por (Vincent), Fulong Wu, and Michael J. White. "Urbanization, Institutional Change, and Sociospatial Inequality in China, 1990–2001." In *Urban China in Transition*, edited by John R. Logan, Oxford: Wiley-Blackwell, 2008, 115-139.

Chomsky, Noam. "The New War Against Terror." In *Cultures of Fear: A Critical Reader*, edited by Uli Linke and Danielle Taana Smith, London: Pluto Press, 2009, 25-31.

Davis, Deborah S. "Introduction: Urban China." In *Urban Spaces in Contemporary China*, edited by Deborah S. Davis, Richard Kraus, Barry Naughton, and Elizabeth J. Perry. Washington, D.C.: Woodrow Wilson Center Press; Cambridge: Cambridge University Press, 1995, 1-19.

Gaubatz, Piper R. "Urban Transformation in Post-Mao China: Impacts of the Reform Era on China's Urban Form." In *Urban Spaces in Contemporary China: The Potential for Autonomy and Community in Post-Mao China*, edited by Deborah S. Davis, Richard Kraus, Barry Naughton, and Elizabeth J. Perry, 28-60. Washington, DC.: Woodrow Wilson Center Press; Cambridge: Cambridge University Press, 1995.

Giroux, Henry A. "The Biopolitics of Disposability." In *Cultures of Fear: A Critical Reader*, edited by Uli Linke and Danielle Taana Smith, London: Pluto Press, 2009, 311-320.

Giroir, Guillaume. "The Purple Jade Villas (Beijing): A Golden Ghetto in Red China." In *Private Cities: Global and Local Perspectives*, edited by Georg Glasze, Chris Webster, and Klaus Frantz, London: Routledge, 2006, 153-164.

Hirsch, Susan F. Deploying Law as a Weapon in America's War on Terror. In *The Insecure American: How We Got Here and What We Should Do About It*, edited by Hugh Gusterson and Catherine Besteman, Berkeley: University of

California Press, 2010, 292-314.

Huang, Youqin, and Setha M. Low. "Is Gating Always Exclusionary? A Comparative Analysis of Gated Communities in American and Chinese Cities." In *Urban China in Transition*, edited by John R. Logan, Oxford: Wiley-Blackwell, 2008, 182-202.

Kleinman, Arthur, and Joan Kleinman. "Cultural Appropriations of Suffering." In *Cultures of Fear: A Critical Reader*, edited by Uli Linke and Danielle Taana Smith, London: Pluto Press, 2009, 1-23.

Kwong, Peter. "Walling out Immigrants." In *The Insecure American: How We Got Here and What We Should Do About It*, edited by Hugh Gusterson and Catherine Besteman, Berkeley: University of California Press, 2010, 255-270.

Lim, Kim Fan. "Variegated Neoliberalization as a Function and Outcome of Neo-authoritarianism in China." In *States of Discipline: Authoritarian Neoliberalism and the Contested Reproduction of Capitalist Order*, edited by C. B. Tansel, London: Rowman & Littlefield International, 2017, 255-273.

Marcuse, Peter. "Walls of Fear and Walls of Support." In *Architecture of Fear*, edited by Nan Ellin, New York: Princeton Architectural Press, 1995, 101-114.

Masco, Joseph. "Engineering Ruins and Affect." In *Cultures of Fear: A Critical Reader*, edited by Uli Linke and Danielle Taana Smith, London: Pluto Press, 2009, 361-398.

Messner, Steven F., Jianhong Liu, and Susanne Karstedt. "Economic Reform and Crime in Contemporary Urban China: Paradoxes of a Planned Transition." In *Urban China in Transition*, edited by John R. Logan, Oxford: Wiley-Blackwell, 2008, 271-293.

Middleton, DeWight R. "The Production and Management of Fear in Urban Context." In *Sociophobics: The Anthropology of Fear*, edited by David L. Scruton, Boulder, CO: Westview Press, 1986, 122-141.

Mirzoeff, Nicholas. "Empire of Camps." In *Cultures of Fear: A Critical Reader*, edited by Uli Linke and Danielle Taana Smith London: Pluto Press, 2009, 313.

Pellow, Deborah. "No Place to Live, No Place to Love: Coping in Shanghai." In *Urban Anthropology in China*, edited by Greg Guldin and Aidan Southall, Leiden: E.J. Brill, 1993, 396-424.

Sardar, Ziauddin. "Opening the Gates: An East-West Transmodern Discourse?" In Gated Communities: Social Sustainability in Contemporary and Historical Gated Developments, edited by Samer Bagaeen and Ola Uduku, London: Routledge, 2010, 9-10.

Solinger, Dorothy J. "The Floating Population in the Cities: Chances for Assimilation?" In *Urban Spaces in Contemporary China*, edited by Deborah S. Davis, Richard Kraus, Barry Naughton, and Elizabeth J. Perry, Washington, DC.: Woodrow Wilson Center Press; Cambridge: Cambridge University Press, 1995, 113-139.

Ticktin, Miriam. "The Violence of Humanitarianism." In *Cultures of Fear: A Critical Reader*, edited by Uli Linke and Danielle Taana Smith London: Pluto Press, 2009, 132.

Tomba, Luigi. "Gating Urban Spaces in China: Inclusion, Exclusion and Government." In *Gated Communities: Social Sustainability in Contemporary and Historical Gated Developments*, edited by Samer Bagaeen and Ola Uduku, New York: Routledge, 2010, 27-37.

Webster, Chris, Fulong Wu, and Y.J. Zhao. "China's Modern Gated Cities." In *Private Cities: Global and Local Perspectives*, edited by Georg Glasze, Chris Webster, and Klaus Frantz, New York: Routledge, 2006, 165-180.

Wedel, Janine R. "Compounding Insecurity: What the Neocon Core Reveals about America Today." In *The Insecure American: How We Got Here and What We Should Do About It*, edited by Hugh Gusterson and Catherine Besteman Berkeley: University of California Press, 2010, 273.

Yan, Yunxiang. "McDonald's in Beijing: The Localization of Americana." In *Golden Arches East: McDonald's in East Asia*, edited by James L. Watson,

Stanford, CA: Stanford University Press, 1997, 39-49.

Zhou, Min, and Guoxuan Cai. "Trapped in Neglected Corners of a Booming Metropolis: Residential Patterns and Marginalization of Migrant Workers in Guangzhou." In *Urban China in Transition*, edited by John R. Logan, Oxford: Wiley-Blackwell, 2008, 226-249.

著作

Altheide, David L. *Creating Fear: News and the Construction of Crisis*. New York: Aldine de Gruyter, 2002.

———. *Terrorism and the Politics of Fear*. Lanham, MD: Alta Mira Press, 2006.

Atkinson, Rowland, and Sarah Blandy, eds. *Gated Communities: International Perspectives*. London; New York: Routledge, 2006.

Bagaeen, Samer, and Ola Uduku, eds. *Gated Communities: Social Sustainability in Contemporary and Historical Gated Developments*. London; New York: Routledge, 2010.

———. *Beyond Gated Communities*. London; New York: Routledge, 2015.

Bakken, Børge. *The Exemplary Society: Human Improvement, Social Control, and the Dangers of Modernity in China*. New York: Oxford University Press, 2000.

Bakken, Børge, ed. *Crime and the Chinese Dream*. Hong Kong: Hong Kong University Press, 2018.

Bearman, Peter. *Doormen*. Chicago: University of Chicago Press, 2005.

Beck, Ulrich, and Mark Ritter. *Risk Society: Towards a New Modernity*. London: Sage Publications, 1992.

Besteman, Catherine, and Hugh Gusterson. *The Insecure American: How We Got Here and What We Should Do About It*. Berkeley: University of California

Press, 2010.

Berry, Jeffrey M. *The New Liberalism: The Rising Power of Citizen Groups.* Washington, DC.: Brookings Institution, 1999.

Blakely, Edward J., and Mary Gail Snyder. *Fortress America: Gated Communities in the United States.* Washington, DC.: Brookings Institution Press, 1997.

Bourdieu, Pierre. *Outline of a Theory of Practice.* Translated by Richard Nice. Cambridge, England; New York: Cambridge University Press, 1977.

———. *Distinction: A Social Critique of the Judgement of Taste.* Translated by Richard Nice. Cambridge, MA: Harvard University Press, 1984. Originally published 1979 as *La Distinction.*

Caldeira, Teresa P.R. *City of Walls: Crime, Segregation, and Citizenship in São Paulo.* Berkeley: University of California Press, 2000.

Chen, Jie. *A Middle Class without Democracy: Economic Growth and the Prospects for Democratization in China.* New York: Oxford University Press, 2013.

De Munck, Bert, and Anne Winter, eds. *Gated Communities? Regulating Migration in Early Modern Cities.* Farnham, England; Burlington, VT: Ashgate, 2012.

Dinzey-Flores, Zaire Z. *Locked In, Locked Out: Gated Communities in a Puerto Rican City.* Philadelphia, PA: University of Pennsylvania Press, 2013.

Douglas, Mary. *Risk and Blame: Essays in Cultural Theory.* London: Routledge, 1992.

———. *Purity and Danger: An Analysis of Concepts of Pollution and Taboo.* London: Routledge, 2001. Originally published 1966.

Elden, Stuart, and Jeremy W. Crampton, eds. *Space, Knowledge and Power: Foucault and Geography.* New York: Routledge, 2007.

Farquhar, Judith. *Appetites: Food and Sex in Post-socialist China.* Durham, NC:

Duke University Press, 2002.

Flusty, Steven. *Building Paranoia: The Proliferation of Interdictory Space and the Erosion of Spatial Justice*. West Hollywood, CA: Los Angeles Forum for Architecture and Urban Design, 1994.

Füredi, Frank. *Politics of Fear*. London: Continuum, 2005.

———. *Culture of Fear Revisited: Risk-taking and the Morality of Low Expectation*. London; New York: Continuum, 2006. Originally published 1997.

Foucault, Michel. *Discipline and Punish: The Birth of the Prison*. Translated by Alan Sheridan. New York: Pantheon Books, 1977.

———. *The History of Sexuality, Volume 1: An Introduction*. Translated by Robert Hurley. New York: Vintage Books, 1978. Originally published 1976 as *La Volonté de Savoir*.

Giddens, Anthony. *Beyond Left and Right: The Future of Radical Politics*. Stanford: Stanford University Press, 1994.

Girard, René. *Violence and the Sacred*. Translated by Patrick Gregory. Baltimore: Johns Hopkins University Press, 1977. Originally published 1972 as *La Violence et le sacré*.

Glassner, Barry. *The Culture of Fear: Why Americans Are Afraid of the Wrong Things*. New York: Basic Books, 1999.

Glasze, Georg, Chris Webster, and Frantz Klaus, eds. *Private Cities: Global and Local Perspectives*. New York: Routledge, 2006.

Harvey, David. *Social Justice and the City*. Athens: University of Georgia Press, 2009. Originally published 1973 by Basil Blackwell, Oxford.

Huang, Youqin, and Siming Li. *Housing Inequality in Chinese Cities*. Abingdon, Oxon: Routledge, 2014.

Kim, Jaesok. *Chinese Labor in a Korean Factory: Class, Ethnicity, and Productivity on the Shop Floor in Globalizing China*. Stanford: Stanford University Press, 2013.

Kraus, Richard C. *Pianos and Politics in China: Middle-Class Ambitions and the Struggle over Western Music*. New York: Oxford University Press, 1989.

Kuruvilla, Sarosh, Ching Kwan Lee, and Mary E. Gallagher, eds. *From Iron Rice Bowl to Informalization: Markets, Workers, and the State in a Changing China*. Ithaca, NY: Cornell University Press, 2011.

Lee, Ching Kwan, ed. *Working in China: Ethnographies of Labor and Workplace Transformation*. London; New York: Routledge, 2007.

——. *Against the Law: Labor Protests in China's Rustbelt and Sunbelt*. Berkeley: University of California Press, 2007.

Lefebvre, Henri. *State, Space, World: Selected Essays*. Edited by Neil Brenner and Stuart Elden. Minneapolis: University of Minnesota Press, 2009.

李强. 农民工与中国社会分层 [M]. 北京：社会科学文献出版社, 2004.

Linke, Uli, and Danielle Taana Smith, eds. *Cultures of Fear: A Critical Reader*. London: Pluto Press, 2009.

Lo, Tit Wing, and S. Su. *Explaining and Fighting Youth Crime in Hong Kong, Singapore and Shanghai*. Hong Kong: City University Press, 2005.

Lofland, Lyn H. *A World of Strangers: Order and Action in Urban Public Space*. New York: Basic Books, 1973.

Low, Setha M. *Behind the Gates: Life, Security and the Pursuit of Happiness in Fortress America*. New York: Routledge, 2003.

Lutz, Catherine. *Unnatural Emotions: Everyday Sentiments on a Micronesian Atoll, Their Challenge to Western Theory*. Chicago: University of Chicago Press, 1988.

Massey, Douglas S., and Nancy A. Denton. *American Apartheid: Segregation and the Making of the Underclass*. Cambridge, MA: Harvard University Press, 1993.

Merry, Sally E. *Urban Danger: Life in a Neighborhood of Strangers*. Philadelphia: Temple University Press, 1981.

Newman, Oscar. *Defensible Space: Crime Prevention Through Urban Design*. New York: Macmillan, 1972.

——. *Creating Defensible Space*. Washington, DC.: U.S. Department of Housing and Urban Development, Office of Policy Development and Research, 1996.

Pun, Ngai. *Made in China: Women Factory Workers in a Global Workplace*. Durham: Duke University Press, 2005.

Scott, James C. *Weapons of the Weak: Everyday Forms of Peasant Resistance*. New Haven: Yale University Press, 1987.

Scruton, David L., ed. *Sociophobics: The Anthropology of Fear*. Boulder: Westview Press, 1986.

单菁菁《中国农民工市民化研究》，北京：社会科学文献出版社，2012年。

Simon, Jonathan. *Governing Through Crime: How the War on Crime Transformed American Democracy and Created a Culture of Fear*. Oxford: Oxford University Press, 2007.

Solinger, Dorothy J. *Contesting Citizenship in Urban China: Peasant Migrants, the State, and the Logic of the Market*. Berkeley: University of California Press, 1999.

Standing, Guy. *The Precariat: The New Dangerous Class*. London: Bloomsbury Publishing, 2011.

Stephenson, Max O., Jr., and Laura Zanotti, eds. *Building Walls and Dissolving Borders: The Challenges of Alterity, Community and Securitizing Space*. New York: Routledge, 2013.

Swider, Sarah. *Building China: Informal Work and the New Precariat.* Ithaca, NY: ILR Press, 2015.

Taussig, Michael T. *Shamanism, Colonialism, and the Wild Man: A Study in Terror and Healing.* Chicago: University of Chicago Press, 1987. Originally published 1986.

Tomba, Luigi. *Paradoxes of Labour Reform: Chinese Labour Theory and Practice from Socialism to the Market.* Honolulu: University of Hawaii Press, 2002.

——. *The Government Next Door: Neighborhood Politics in Urban China.* Ithaca; London: Cornell University Press, 2014.

Tuan, Yi-Fu. *Landscapes of Fear.* New York: Pantheon Books, 1979.

Turner, Victor. *The Forest of Symbols: Aspects of Ndembu Ritual.* Ithaca, NY: Cornell University Press, 1967.

Van Gennep, Arnold. *The Rites of Passage.* New York: Routledge, 2010. Originally published 1960.

Veblen, Thorstein. *The Theory of the Leisure Class.* Oxford: Oxford University Press, 2009.

Xiang, Biao. *Transcending Boundaries: Zhejiangcun the Story of a Migrant Village in Beijing.* Boston: Brill, 2005.

Yan, Hairong. *New Masters, New Servants: Migration, Development, and Women Workers in China.* Durham: Duke University Press, 2008.

Yang, Mayfair Mei-hui. *Gifts, Favors, and Banquets: The Art of Social Relationships in China.* Ithaca, NY: Cornell University Press, 1994.

Zhang, Li. *In Search of Paradise: Middle-class Living in a Chinese Metropolis.* Ithaca: Cornell University Press, 2010.

——. *Strangers in the City: Reconfigurations of Space, Power, and Social Networks within China's Floating Population.* Stanford, CA: Stanford University Press, 2001.

图书在版编目（CIP）数据

大门口的陌生人 / 何袜皮著. -- 海口：南海出版公司, 2025. 7. -- ISBN 978-7-5735-1151-5

Ⅰ. D631.3

中国国家版本馆CIP数据核字第2025BK5115号

大门口的陌生人
何袜皮 著

出　　版	南海出版公司　（0898）66568511	
	海口市海秀中路51号星华大厦五楼　邮编 570206	
发　　行	新经典发行有限公司	
	电话(010)68423599　邮箱 editor@readinglife.com	
经　　销	新华书店	
责任编辑	张　苓	
特邀编辑	马希哲　黄奕诗	
装帧设计	@muchun_木春	
内文制作	王春雪	
责任印制	史广宜	
印　　刷	河北鹏润印刷有限公司	
开　　本	850毫米×1168毫米　1/32	
印　　张	8.5	
字　　数	158千	
版　　次	2025年7月第1版	
印　　次	2025年7月第1次印刷	
书　　号	ISBN 978-7-5735-1151-5	
定　　价	49.00元	

版权所有，侵权必究

如有印装质量问题，请发邮件至 zhiliang@readinglife.com